PRINCIPES GÉNÉRAUX

d'Administration et de Comptabilité Communales

Par Mr GENREAU,

Président du Tribunal civil de Chartres

Chartres,
Adrien L'ANGLOIS, Editeur, Papetier-Libraire et Imprimeur-Lithographe,
Rue des Changes, N° 32, aux Quatre Coins.
1843

LIBRAIRIE
CARTES A JOUER
PLUMES
FABRIQUE DE REGISTRES, CARTONNAGES ET RELIURE.
ADRIEN LANGLOIS,
PAPETIER, LIBRAIRE
ET
IMPRIMEUR-LITHOGRAPHE,
Rue des Changes, 32, aux Quatre Coins,
Chartres.
ARTICLES DE DESSIN
CADRES DORÉS.

PRINCIPES GÉNÉRAUX

Par Mr GENREAU,

Président du Tribunal civil de Chartres

Chartres,

Adrien L'ANGLOIS, Editeur, Papetier-Libraire et Imprimeur-Lithographe ;

Rue des Changes, N° 32, aux Quatre Coins.

1843

AVIS.

La nature de ce travail veut une concision qui ne comporte aucune des exigences ordinaires du style, telle est l'explication ou l'excuse du laconisme de la rédaction: obligé de tout dire en peu de mots, et faisant ces tableaux pour mon Cours à l'École Normale je me suis attaché par-dessus tout à l'exactitude des principes posés, c'était la condition impérieuse, inexorable, à laquelle tout devait céder, et qui, je l'espère, justifiera la sécheresse de la rédaction et peut-être aussi quelques inversions peu grammaticales, mais suffisamment autorisées d'ailleurs par les habitudes du langage.

Les Chiffres placés après le texte sont ceux des articles de la Loi citée en tête du tableau, *(Voir ceux 29, 34, 35 etc.)* lorsqu'en outre j'ai dû noter les dispositions d'une Ordonnance Royale, d'un avis du Conseil d'État ou d'une Circulaire, j'ai pris soin de les énoncer d'une manière précise, ainsi qu'on peut le reconnaître dans les tableaux *24, 27, 48 etc. etc.*

Tout exemplaire de cet ouvrage non revêtu de la signature de l'Auteur sera réputé contrefait.

Fleureau

PRÉFACE.

Si, dans chaque Commune, il se trouvait un homme pénétré de cette vérité que toutes nos Lois sont fondées sur des principes constants de morale et de justice, il imposerait aisément silence par de sages observations aux plaintes individuelles qui se répètent, se propagent & forment un mécontentement général dont les agitateurs profitent dans l'intérêt de leurs passions politiques : les impôts notamment ont été naguère encore l'objet d'attaques trop généralement acceptées par les populations, parce que, au nombre des habitants ayant droit à la confiance de tous, il n'en était pas un qui pût expliquer l'utilité des mesures prescrites et dont le but et le résultat ont été en définitive l'égale répartition des charges publiques.

La Loi est donc *bonne* à connaître pour tous, et malheureusement cette connaissance ne sera longtems encore qu'une Théorie, qu'une fiction ; mais en attendant que l'éducation publique ait propagé les principes de morale et de justice qui sont la base de notre Législation, disons combien il est nécessaire qu'au moins les Maires aient quelques notions exactes sur la mission qui leur est confiée : c'est donc un service à leur rendre que de leur faciliter l'exercice des fonctions municipales, sans leur imposer l'étude, d'ailleurs impossible, des théories de l'administration communale. Bien des livres existent sur cette matière, mais les uns, œuvres de science ne peuvent être d'aucune utilité pratique, les autres, simples formulaires, donnent des modèles dans lesquels les Maires s'embarrassent à la moindre circonstance qui n'aura pas été prévue, par cela même qu'ils ne comprennent ni l'importance, ni l'utilité des actes qu'ils ont à faire.

J'ai pensé que des tableaux seraient plus utiles et mieux accueillis, en ce qu'ils présentent l'ensemble des attributions municipales au lieu de commentaires et de discussions plus ou moins difficiles à saisir ; ils donnent les principes posés par la Loi sur chaque matière, et leurs conséquences deviennent plus saisissantes, je dirai presque, plus logiques par l'ordre sous lequel elles sont présentées. Ces tableaux offrent donc un guide infaillible pour celui qui n'est pas encore initié aux fonctions municipales, ils sont un mémento pour ceux qui les ont déja remplies.

Comme Secrétaires de Mairie, les Instituteurs doivent connaître les attributions du Maire, pour apprécier la nature et l'étendue des actes dont la rédaction leur est confiée, il est donc nécessaire que, dans toutes les Ecoles Normales, il y ait des explications pour initier les Élèves-maîtres aux travaux dont plus tard ils seront chargés. Pour être vraiment utiles, ces leçons doivent éviter tout ce qui est du domaine des discussions théoriques et des spéculations gouvernementales, il suffit, en expliquant la Loi, de la montrer toujours équitable et sage. Pour la faire aimer de tous, pour rendre son exécution plus facile, que faut-il ? Démontrer son utilité et sa moralité. Voila sous quel point de vue j'ai envisagé les Cours à faire dans les Ecoles Normales pour la Tenue des Registres de l'Etat Civil, pour la rédaction des Proçès-verbaux et pour les notions d'Administration communale ; voila comment, en instruisant les Instituteurs dans les limites de ce qui peut leur être utile, on en fera des hommes attachés à nos Institutions, utiles à leurs semblables et dévoués aux intérêts du Pays. C'est dans ce but que depuis huit ans je fais un Cours à l'Ecole Normale de Chartres, et je me plais à dire ici que j'ai trouvé dans le zèle et l'empressement des élèves une douce récompense des efforts que j'ai faits dans l'intérêt de leur instruction et plus encore de leur éducation morale.

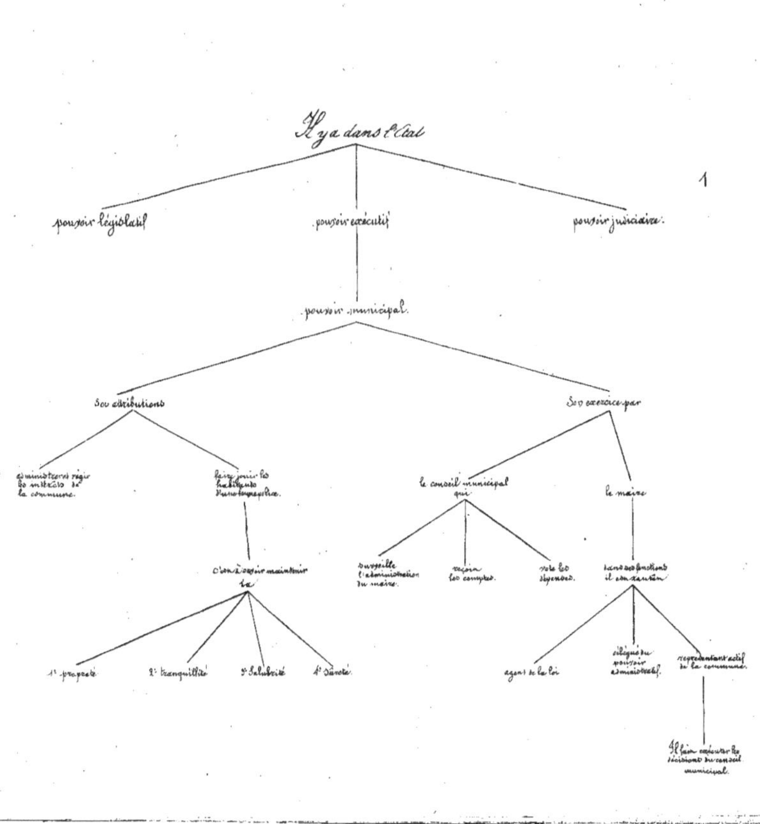
Il y a dans l'État
pouvoir législatif
pouvoir exécutif
pouvoir judiciaire.
pouvoir municipal.
Ses attributions
Son exercice par
administrer et régir les intérêts de la commune.
faire jouir les habitants
C'est à dire maintenir la
1° propreté
2° tranquillité
3° Salubrité
4° Sûreté.
le conseil municipal qui
surveille l'administration du maire.
reçoit les comptes.
vote les dépenses.
le maire
dans ses fonctions il est tantôt
agent de la loi
délégué du pouvoir administratif.
représentant actif de la commune.
Il fait exécuter les décisions du conseil municipal.

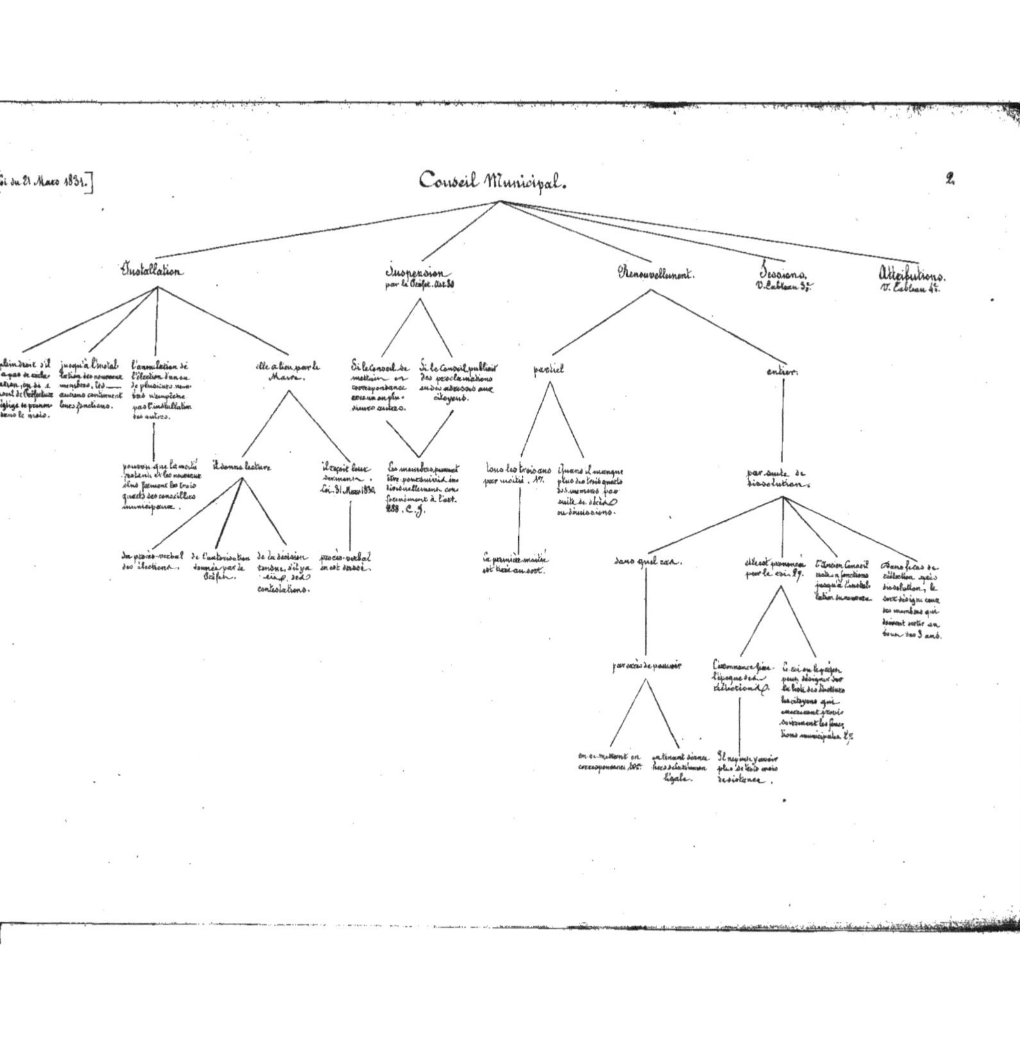
[Loi du 21 Mars 1831.]
Conseil Municipal.
2
Installation
de plein droit s'il n'y a pas de réclamation, ou si le Conseil de Préfecture a négligé de prononcer dans le mois.
jusqu'à l'installation des nouveaux membres, les anciens continuent leurs fonctions.
l'annulation de l'élection d'un ou de plusieurs membres n'empêche pas l'installation des autres.
pourvu que la moitié restante et les nouveaux élus forment les trois quarts des conseillers municipaux.
elle a lieu par le Maire.
il donne lecture
du procès-verbal des élections.
de l'autorisation donnée par le Préfet.
de la décision rendue, s'il y a lieu, sur les contestations.
il reçoit leur serment. Loi 31 Mars 1831.
procès-verbal en est dressé.
Suspension
par le Préfet. Art. 30
Si le Conseil se mettait en correspondance avec un ou plusieurs autres.
Si le Conseil publiait des proclamations ou des adresses aux citoyens.
Les membres peuvent être poursuivis individuellement conformément à l'art. 123. C. P.
Renouvellement.
partiel
tous les trois ans par moitié. 17.
la première moitié est tirée au sort.
Quand il manque plus des trois quarts des membres par suite de décès ou démissions.
entier.
par suite de dissolution.
dans quel cas.
par excès de pouvoir
en se mettant en correspondance, 30.
en tenant séance hors de la réunion légale.
elle est prononcée par le roi. 27.
l'ordonnance fixe l'époque de la réélection.
Il ne peut y avoir plus de trois mois de distance.
le roi ou le préfet peut désigner sur la liste des électeurs les citoyens qui exercent provisoirement les fonctions municipales. 27.
L'ancien Conseil reste en fonctions jusqu'à l'installation du nouveau.
Dans le cas de réélection après dissolution, le sort désigne ceux des membres qui doivent sortir au bout des 3 ans.
Sessions.
V. Tableau 3e.
Attributions.
V. Tableau 4e.

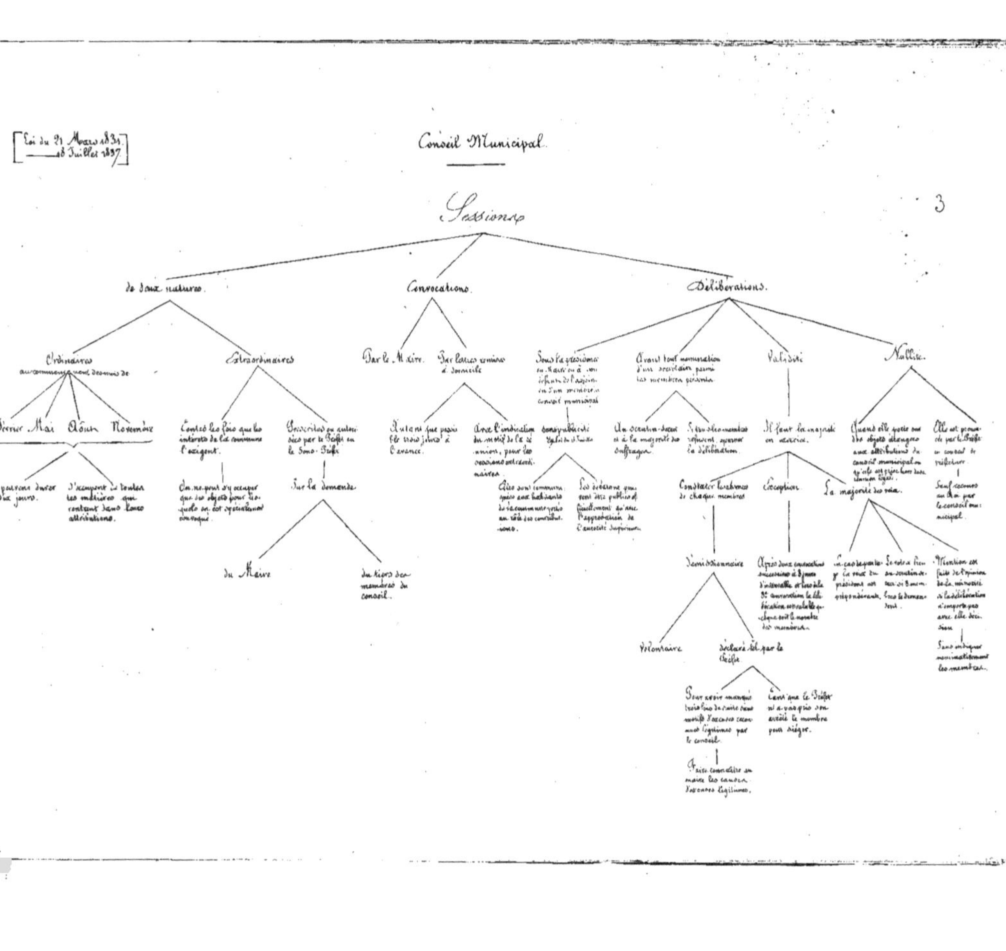
Loi du 21 Mars 1831.
—— 18 Juillet 1837
Conseil Municipal
3
Sessions
de deux natures.
Ordinaires
au commencement des mois de
Février Mai Août Novembre
peuvent durer dix jours.
S'occupent de toutes les matières qui rentrent dans leurs attributions.
Extraordinaires
Toutes les fois que les intérêts de la commune l'exigent.
On ne peut s'y occuper que des objets pour lesquels on est spécialement convoqué.
Prescrites ou autorisées par le Préfet ou le Sous-Préfet
Sur la demande
du Maire
du tiers des membres du conseil.
Convocations.
Par le Maire.
Par lettres remises à domicile
Autant que possible trois jours à l'avance.
Avec l'indication du motif de la réunion, pour les sessions extraordinaires.
Délibérations.
Sous la présidence du Maire ou à son défaut de l'adjoint ou d'un membre du conseil municipal
Sans publicité
Elles sont communiquées aux habitants de la commune portés au rôle des contributions.
Les délibérations peuvent être publiées officiellement qu'avec l'approbation de l'autorité supérieure.
Avant tout nomination d'un secrétaire parmi les membres présents.
Au scrutin secret et à la majorité des suffrages.
Si tous les membres refusent, ajourner la délibération.
Validité
Il faut la majorité en exercice.
Constater la présence de chaque membre
Démissionnaire
Volontaire
Déclaré tel par le Préfet
Pour avoir manqué trois fois de suite sans motifs d'excuses reconnus légitimes par le conseil.
Faire connaître au maire les causes d'excuses légitimes.
Tant que le Préfet n'a pas pris son arrêté le membre peut siéger.
Exception
Après deux convocations successives à 3 jours d'intervalle et lors de la 3e convocation la délibération est valable quelque soit le nombre des membres.
La majorité des voix.
En cas de partage la voix du président est prépondérante.
Le vote a lieu au scrutin secret si 3 membres le demandent.
Mention est faite de l'opinion de la minorité si la délibération n'emporte pas avec elle décision
Sans indiquer nominativement les membres.
Nullité.
Quand elle porte sur des objets étrangers aux attributions du conseil municipal ou qu'elle est prise hors des réunions légales.
Elle est prononcée par le Préfet en conseil de préfecture
Sauf recours au Roi par le conseil municipal.

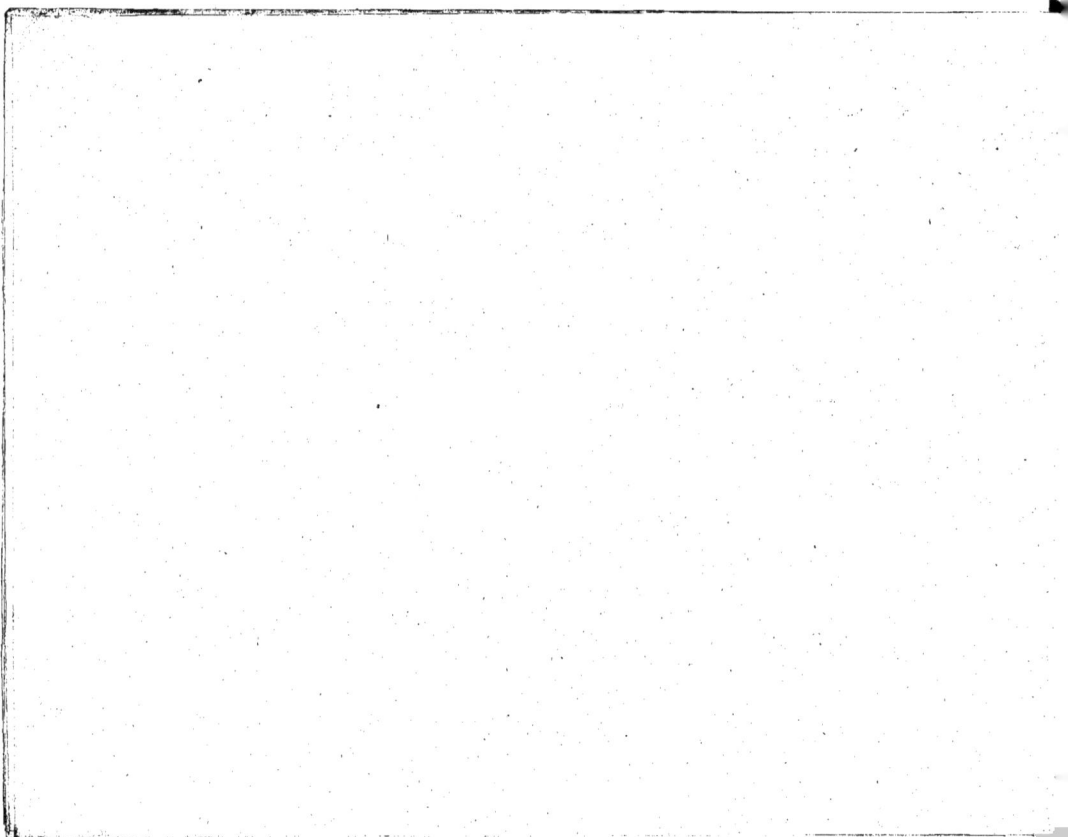

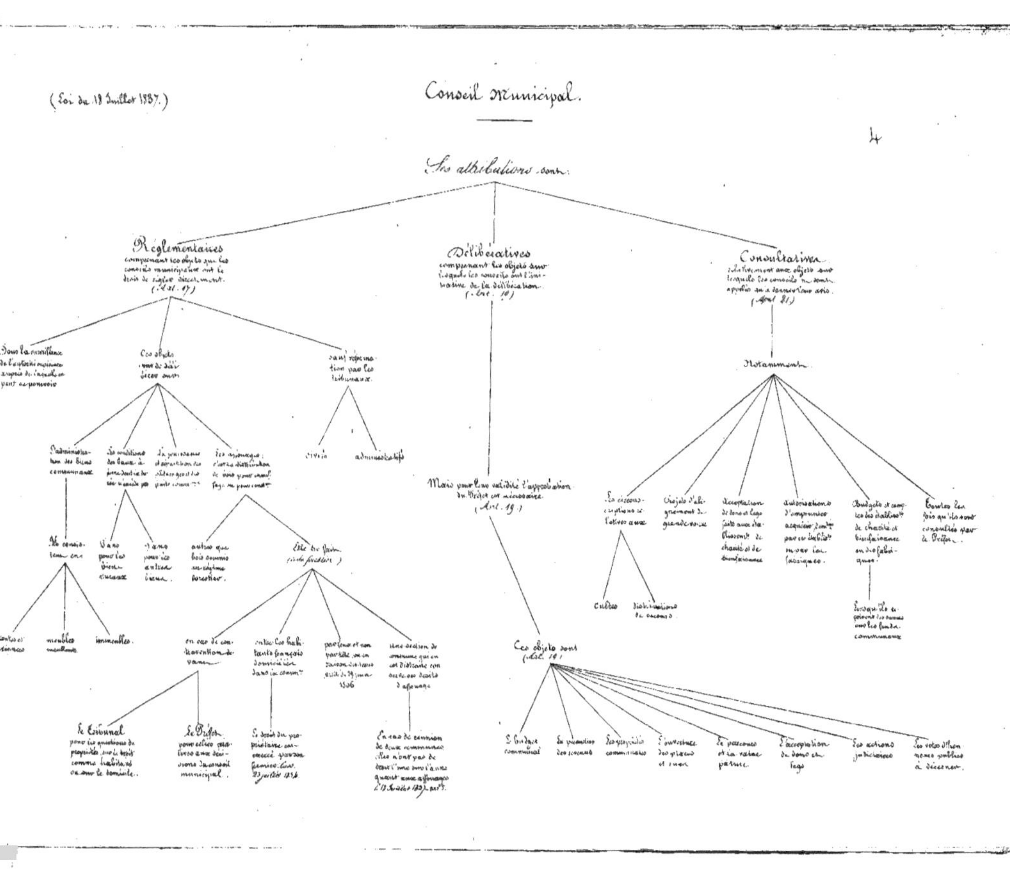

(Loi du 18 Juillet 1837.)
Conseil Municipal.
4
Les attributions sont :
Réglementaires
Délibératives
Consultatives
Notamment
Mais pour leur validité l'approbation du Préfet est nécessaire. (Art. 19.)
Ces objets sont (Art. 19)
Le Tribunal
Le Préfet
meubles
immeubles.
Cultes
Toutes les fois qu'ils sont consultés par le Préfet.
Le budget communal
L'acceptation des dons et legs
Les actions judiciaires

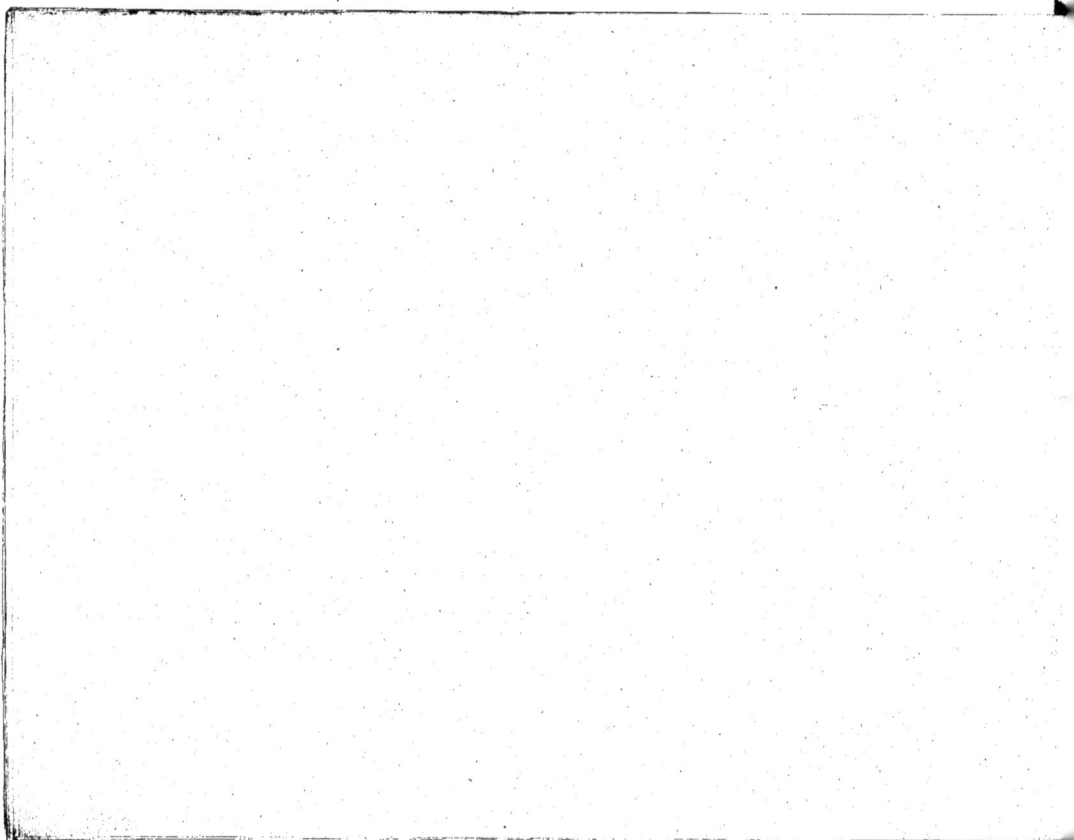

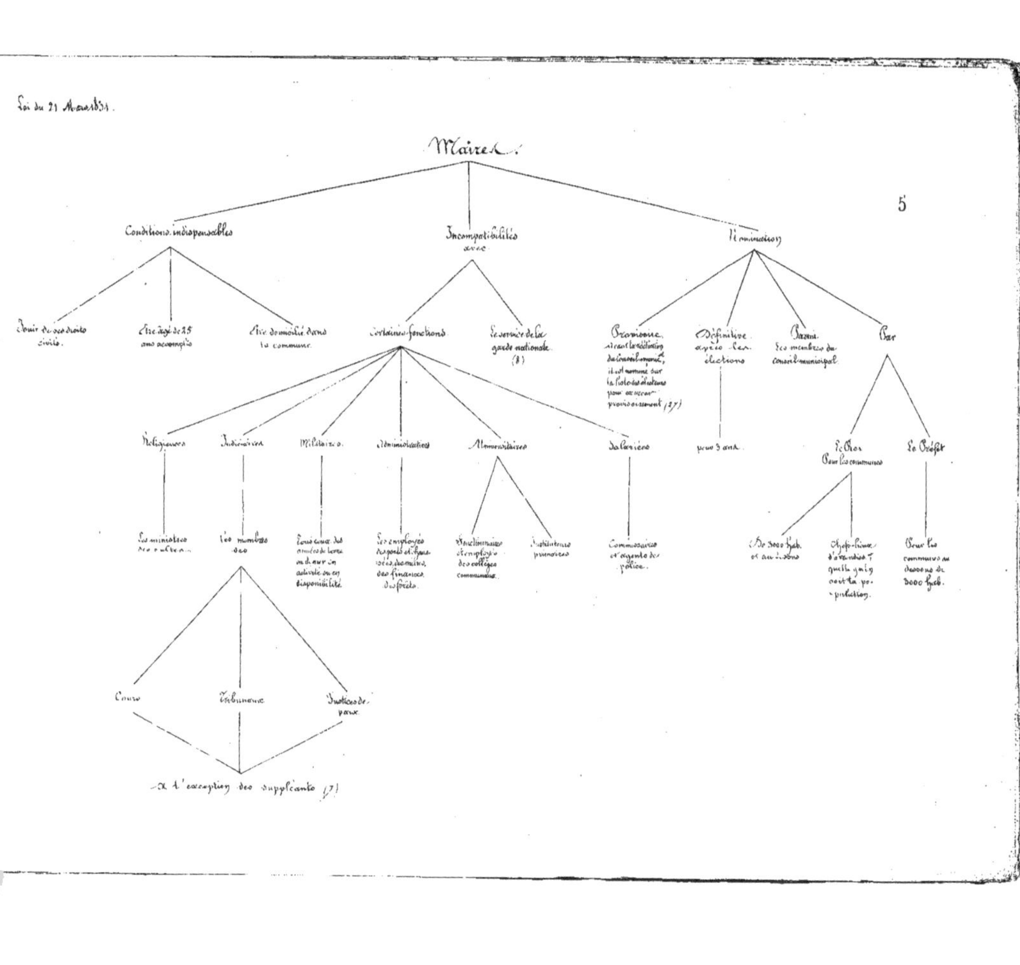

Loi du 21 Mars 1831.
Maires.
Conditions indispensables
Jouir de ses droits civils.
Être âgé de 25 ans accomplis
Être domicilié dans la commune.
Incompatibilités avec
Certaines fonctions
Le service de la garde nationale. (8)
Religieuses
Les ministres des cultes.
Judiciaires
Les membres des
Cours
Tribunaux
Justices de paix.
à l'exception des suppléants (7)
Militaires.
Administratives
Universitaires
Fonctionnaires et employés des collèges communaux.
Instituteurs primaires
Salariées
Commissaires et agents de police.
Nomination
Provisoire
Définitive après les élections
pour 3 ans.
Parmi les membres du conseil municipal
Par
Le Roi Pour les communes
De 3000 hab. et au dessus
Chefs-lieux d'arrondiss.t quelle qu'en soit la population.
Le Préfet
Pour les communes au dessous de 3000 hab.

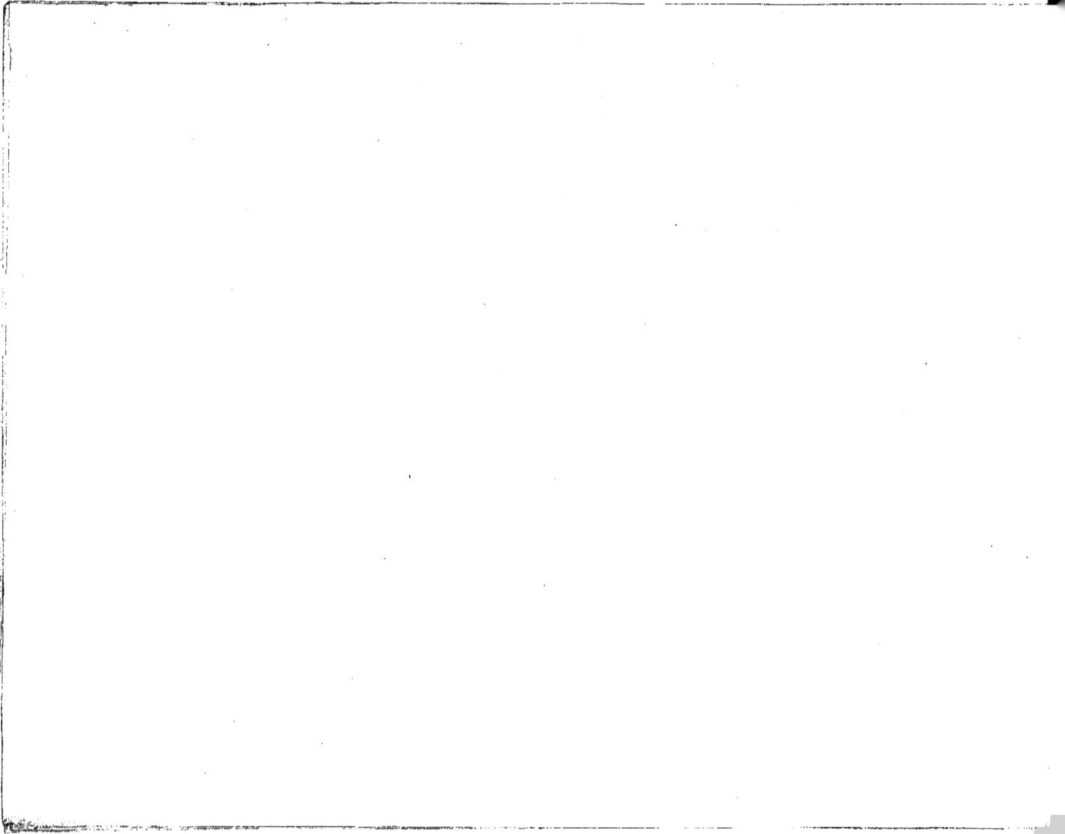

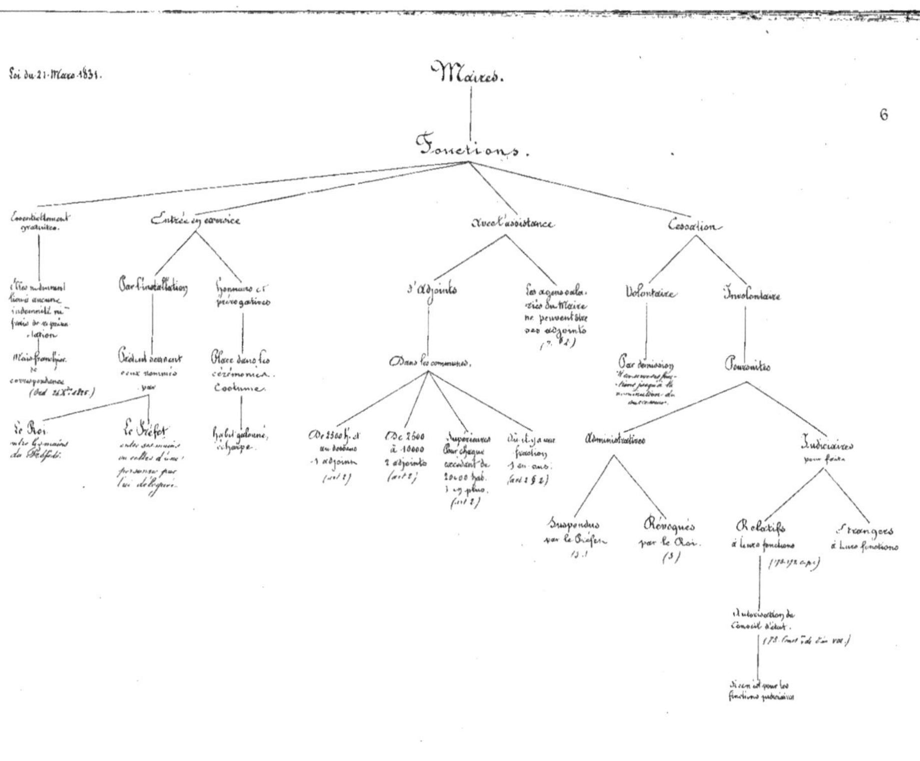
Loi du 21 Mars 1831.
Maires.
Fonctions.
Essentiellement gratuites.
Entrée en exercice
Par l'installation
Honneurs et prérogatives
Place dans les cérémonies.
Costume.
habit galonné, écharpe.
Le Roi
Le Préfet
Avec l'assistance
d'Adjoints
Dans les communes,
De 2500 à 10000 2 adjoints (art 2)
Supérieures Pour chaque excédant de 20000 hab. 1 en plus. (art 2)
Les agens salariés du Maire ne peuvent être ses adjoints
Cessation
Volontaire
Par démission
Involontaire
Poursuites
Administratives
Suspendus par le Préfet
Révoqués par le Roi. (3)
Judiciaires pour faits
Relatifs à leurs fonctions
Etrangers à leurs fonctions
Autorisation du Conseil d'état.

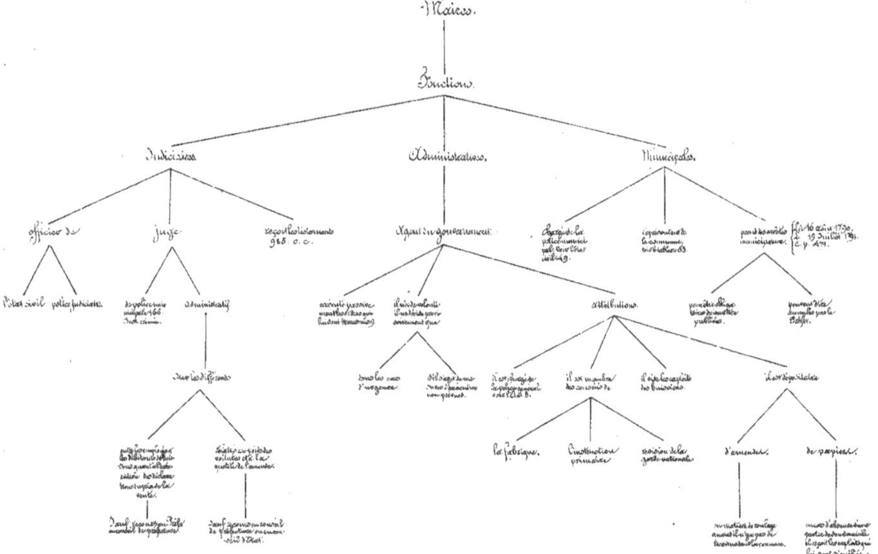
Maires.
Fonctions.
Judiciaires
Administratives.
Municipales.
officier de
juge
reçoit les testaments
985. C. C.
Agent du gouvernement.
l'état civil
police judiciaire.
administratif
sur les différends
attributions.
dans les cas
d'urgence.
il est membre
des conseils de
la fabrique.
l'instruction
primaire
révision de la
garde nationale
d'amender.
Loi 16 août 1790.
19 Juillet 1791.
C. p. 471.

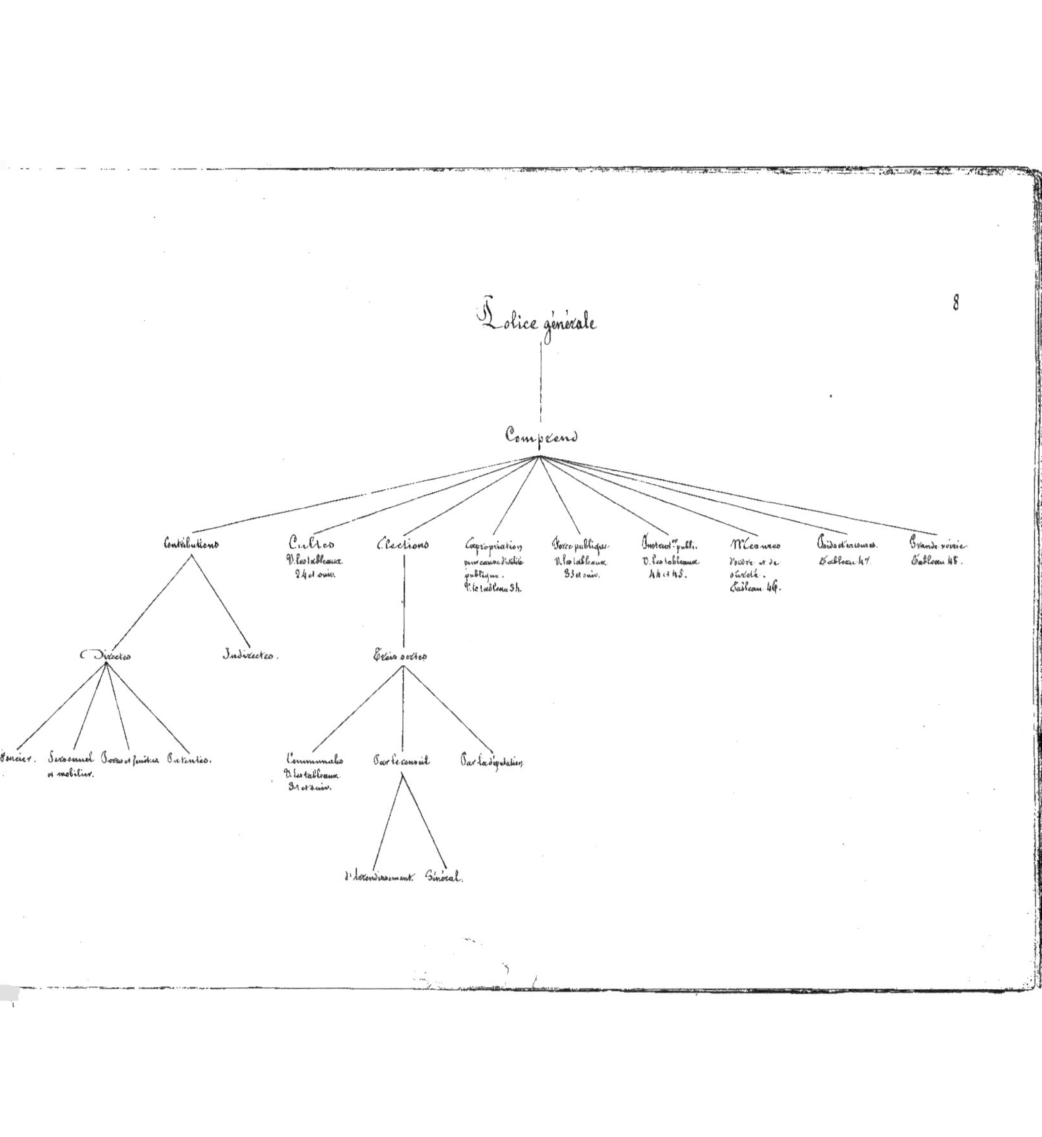
Police générale
Comprend
Contributions
Cultes
V. les tableaux
24 et suiv.
Élections
Expropriation
pour cause d'utilité
publique.
V. le tableau 34.
Force publique.
V. les tableaux
35 et suiv.
Instruct.on publ.
V. les tableaux
44 et 45.
Mesures
d'ordre et de
sûreté.
Tableau 46.
Poids et mesures.
Tableau 47.
Grande voirie.
Tableau 48.
Directes
Indirectes.
Trois sortes
Foncier.
Personnel
et mobilier.
Portes et fenêtres
Patentes.
Communales
V. les tableaux
31 et suiv.
Par le conseil
Par la députation
d'arrondissement.
Général.

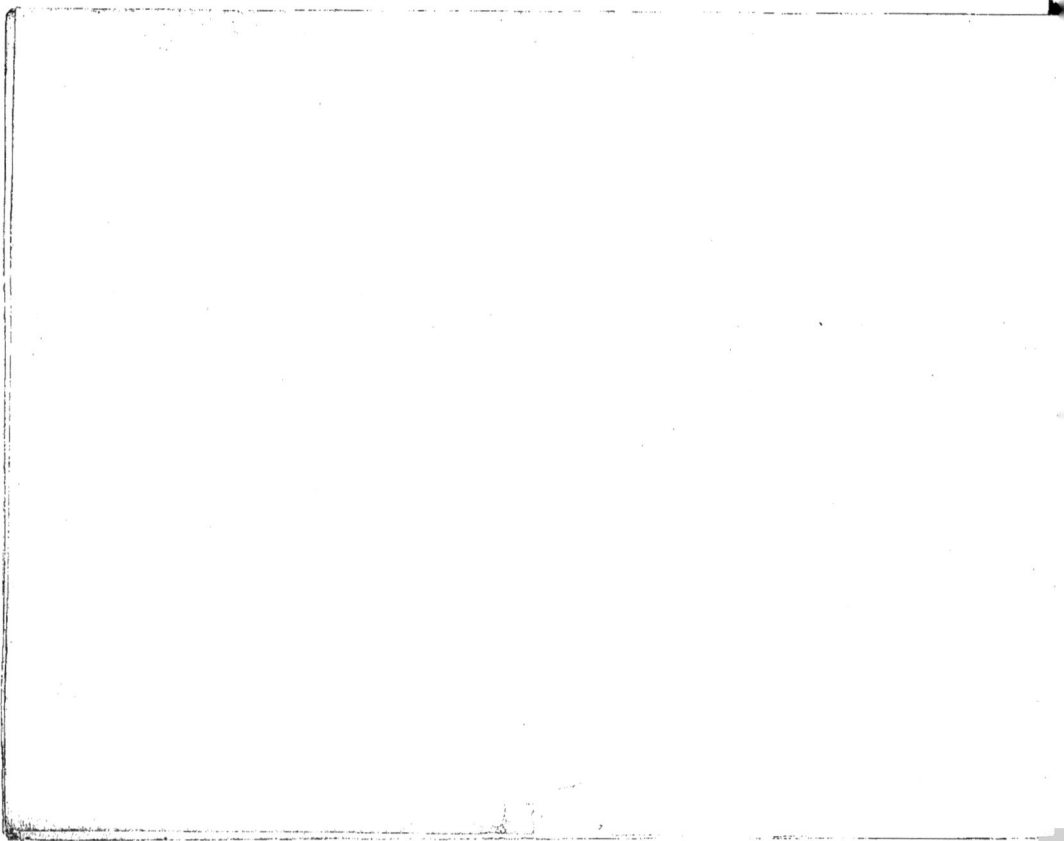

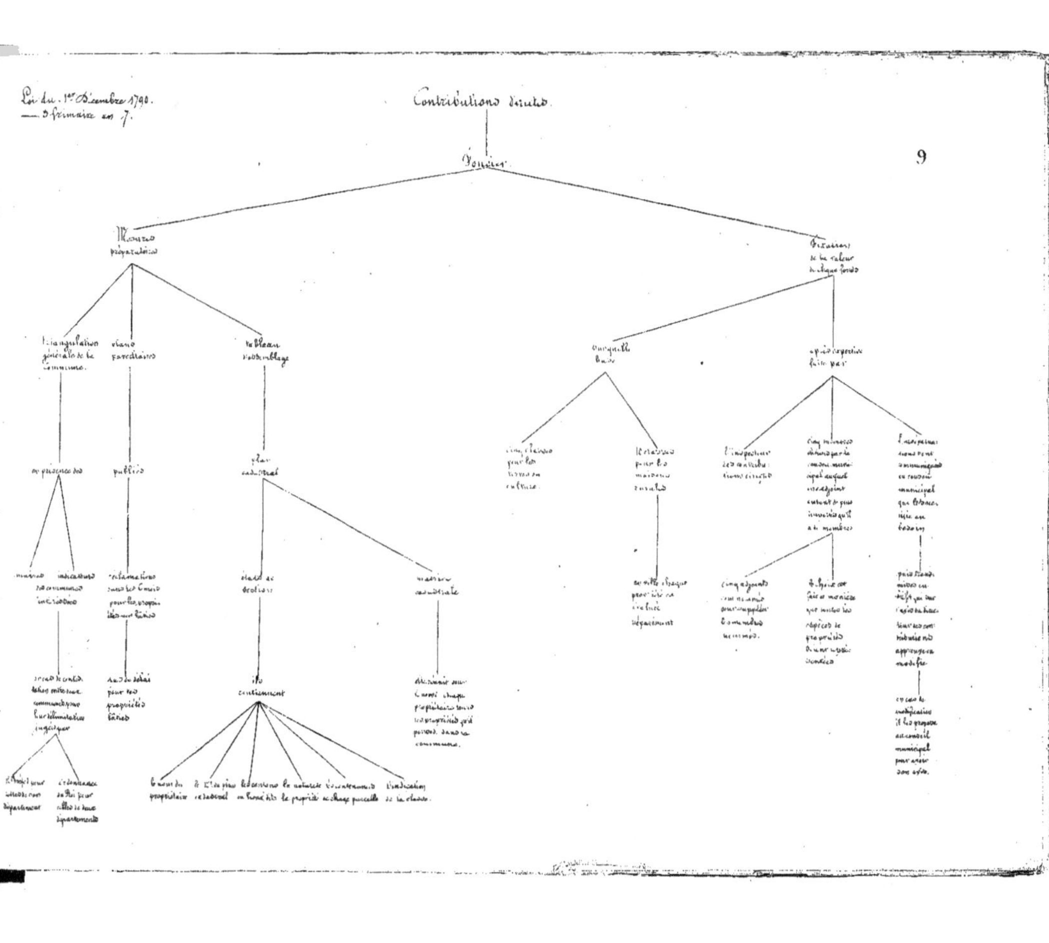
Loi du 1er Décembre 1790.
— 3 frimaire an 7.
Contributions directes.
Foncier.
Mesures préparatoires
triangulation générale de la commune.
plans parcellaires
tableau d'assemblage
en présence des
publiés
plan cadastral
maires
indicateurs des communes intéressées
états de sections
matrice cadastrale
ils contiennent
le nom du propriétaire
la nature de la propriété
l'indication de la classe.
Fixation de la valeur de chaque fonds
sur quelle base
après expertise faite par
cinq classes pour les terres en culture.
10 classes pour les maisons rurales
en ville chaque propriété est évaluée séparément
l'inspecteur des contributions directes
cinq adjoints nommés pour suppléer les membres absents.

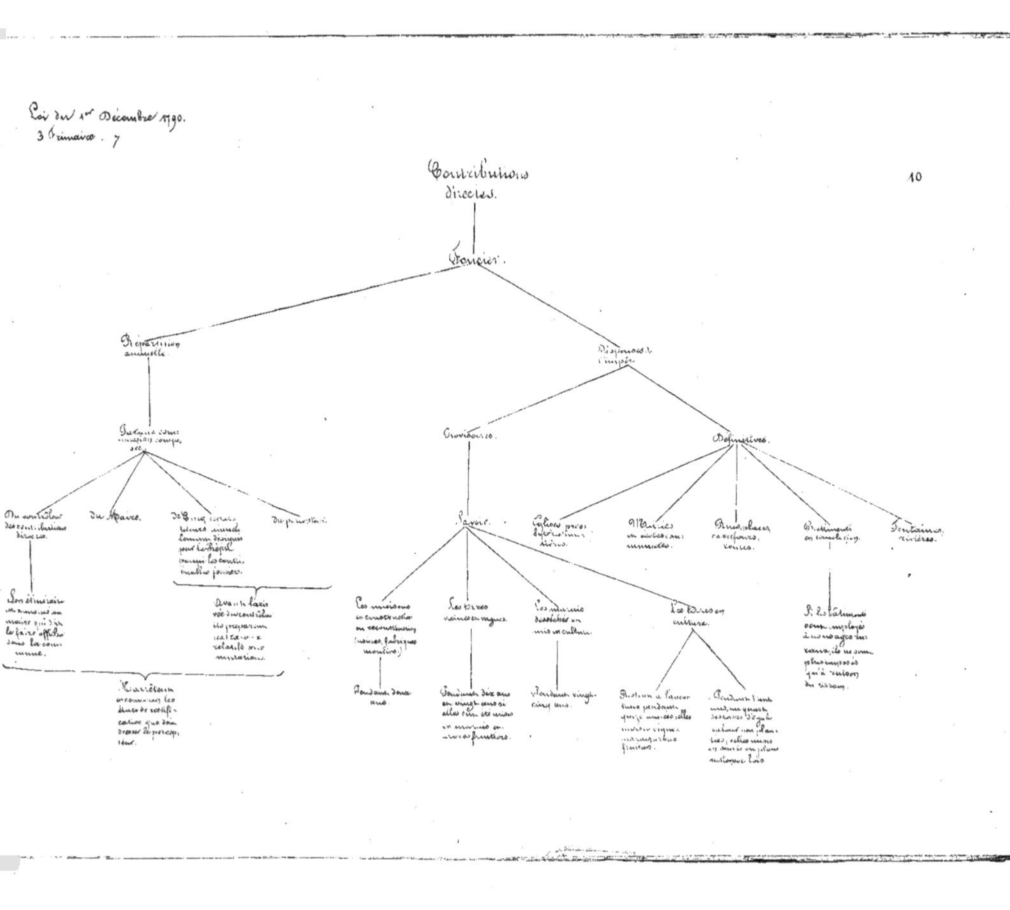
Loi du 1er Décembre 1790.
3 Frimaire. 7
Contributions directes.
10
Foncier.
Répartition annuelle.
Provisoires.
Définitives.
Du Maire.
Les terres vaines et vagues.
Les terres en culture.
Rues, places, carrefours, routes.
Fontaines, rivières.
Pendant deux ans.

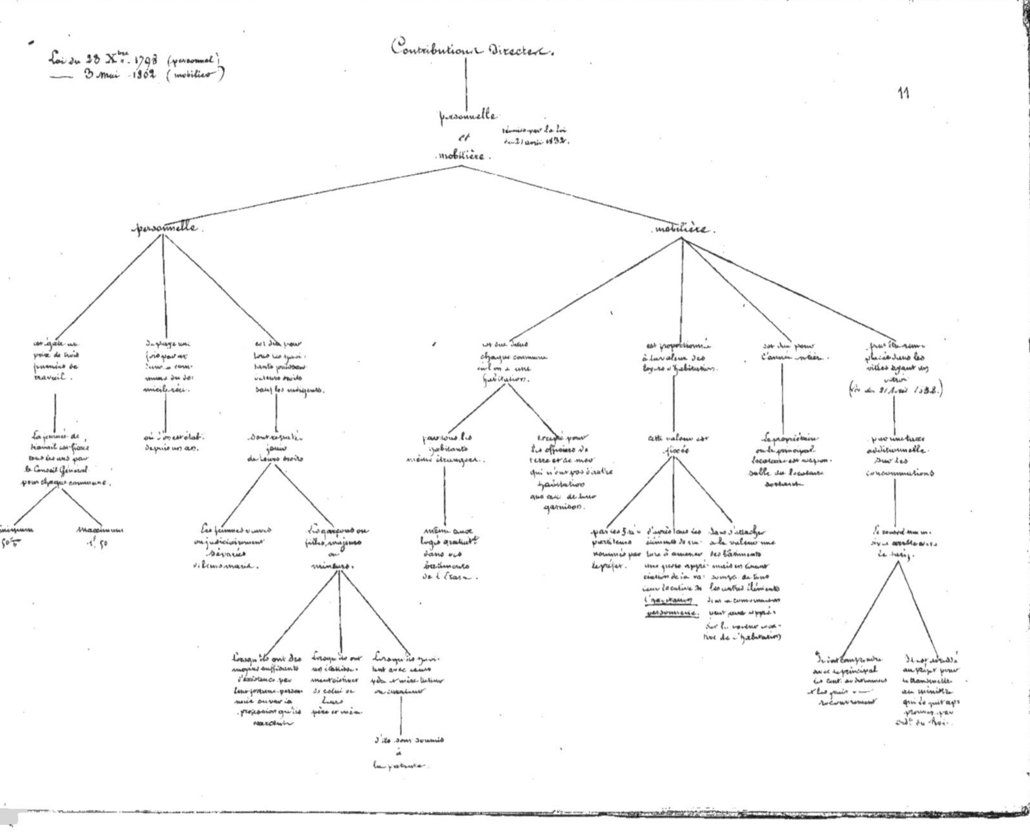
Loi du 23 Xbre 1798 (personnel)
— 3 mai 1802 (mobilier)
Contributions Directes.
personnelle et mobilière.
réunies par la loi du 21 avril 1832.
personnelle.
mobilière.
est égale au prix de trois journées de travail.
La journée de travail est fixée tous les ans par le Conseil Général pour chaque commune.
minimum 0,50c
maximum 1f, 50
où l'on est établi depuis un an.
est due pour tous les habitants jouissant de leurs droits sauf les indigents.
dont jouissent de leurs droits
Les femmes veuves ou judiciairement séparées de leurs maris.
Les garçons ou filles, majeurs ou mineurs.
Lorsqu'ils ont des moyens suffisants d'existence par leur fortune personnelle ou par la profession qu'ils exercent.
Lorsqu'ils vivent avec leurs père et mère
Ils sont soumis à la patente.
est due dans chaque commune où l'on a une habitation.
par tous les habitants même étrangers.
même aux logés gratuitt dans les bâtiments de l'Etat.
excepté pour les officiers de terre et de mer qui n'ont pas d'autre habitation que celle de leur garnison.
est proportionnée à la valeur des loyers d'habitation.
cette valeur est fixée
par des 5 répartiteurs nommés par le préfet.
d'après tous les éléments de nature à amener une juste appréciation de la valeur locative de l'habitation personnelle.
sans s'attacher à la valeur des bâtiments mais en tenant compte de tous les autres éléments
est due pour l'année entière.
Le propriétaire ou le principal locataire est responsable du locataire sortant.
peut être remplacée dans les villes ayant un octroi (loi du 21 avril 1832.)
par une taxe additionnelle sur les consommations
Il est compris avec le principal les cent. additionnels et les frais de recouvrement
Il est adressé au préfet pour le transmettre au ministre qui le fait approuver par ordce du Roi.

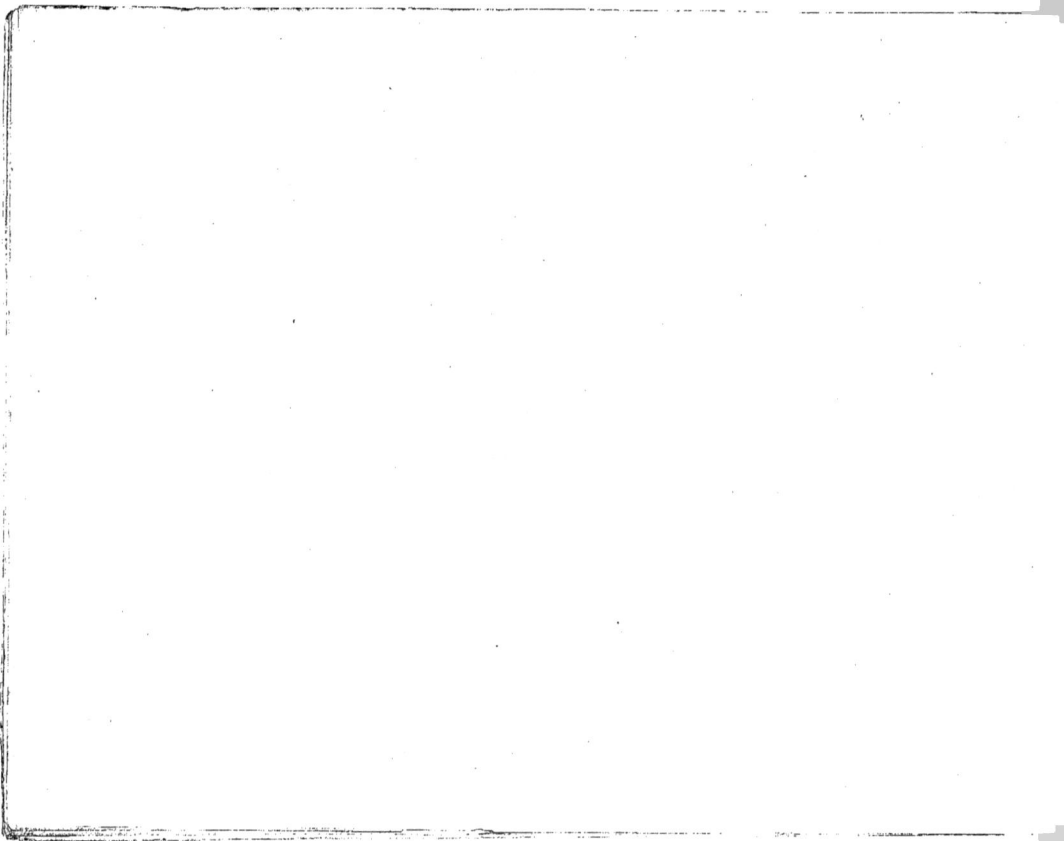

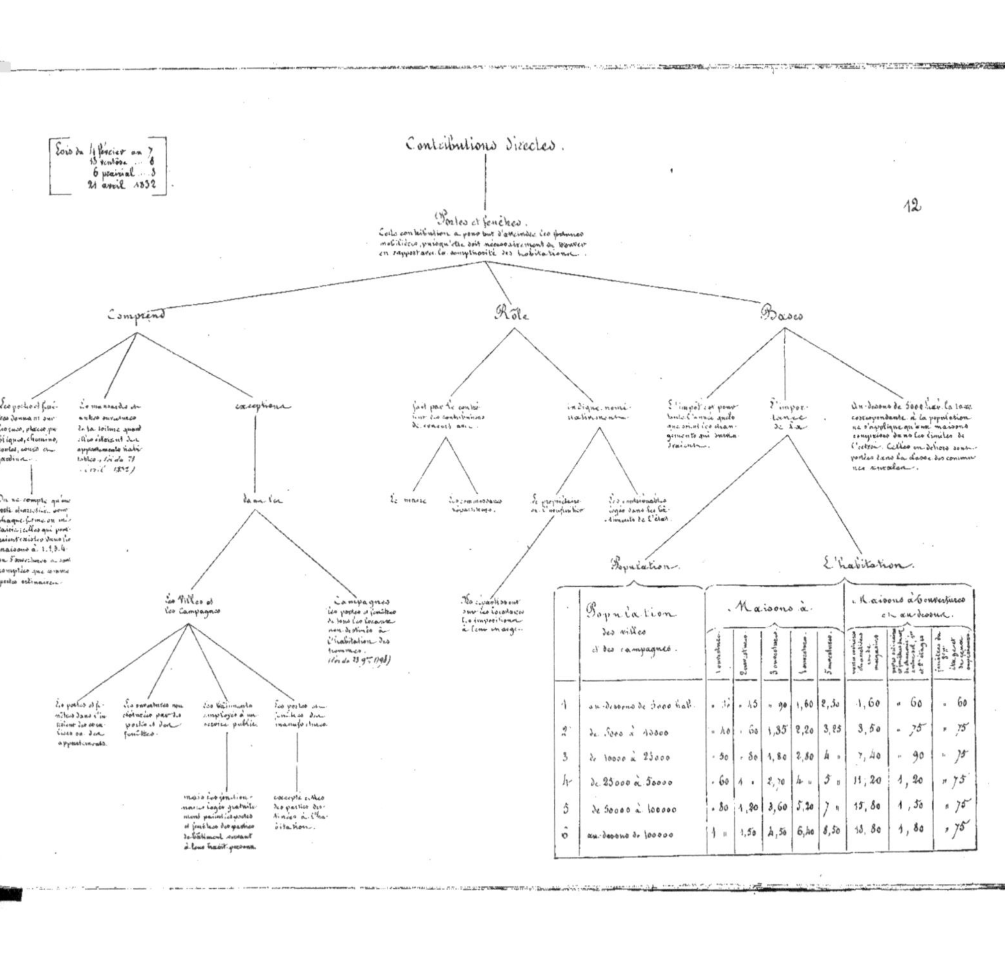

	Population des villes et des campagnes.	Maisons à 1 ouverture	2 ouvertures	3 ouvertures	4 ouvertures	5 ouvertures	Maisons à 6 ouvertures et au-dessus: portes cochères charretières ou de magasins	portes ordinaires et fenêtres du rez-de-chaussée, de l'entresol, 1er et 2e étages	fenêtres du 3e étage et des étages supérieurs
1	au-dessous de 5000 hab.	» 30	» 45	» 90	1,60	2,50	1,60	» 60	» 60
2	de 5000 à 10000	» 40	» 60	1,35	2,20	3,25	3,50	» 75	» 75
3	de 10000 à 25000	» 50	» 80	1,80	2,80	4 »	7,40	» 90	» 75
4	de 25000 à 50000	» 60	1 »	2,70	4 »	5 »	11,20	1,20	» 75
5	de 50000 à 100000	» 80	1,20	3,60	5,20	7 »	15,80	1,50	» 75
6	au-dessus de 100000	1 »	1,50	4,50	6,40	8,50	18,80	1,80	» 75

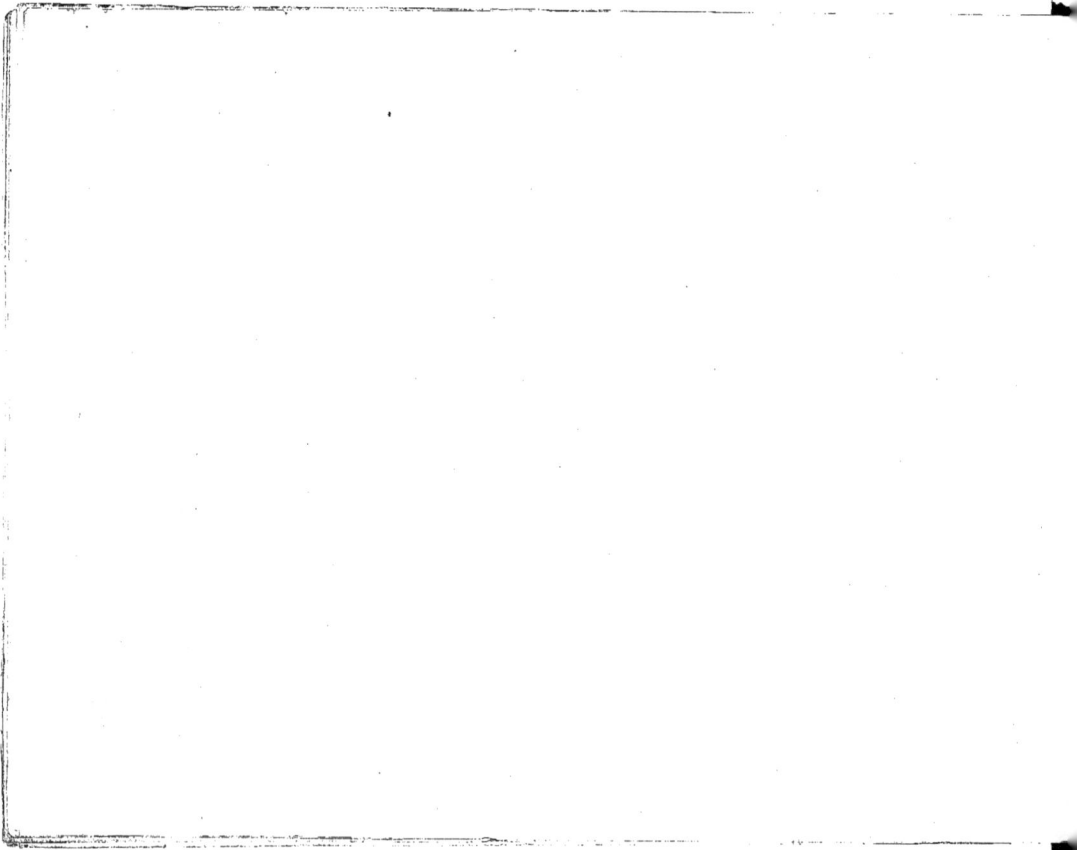

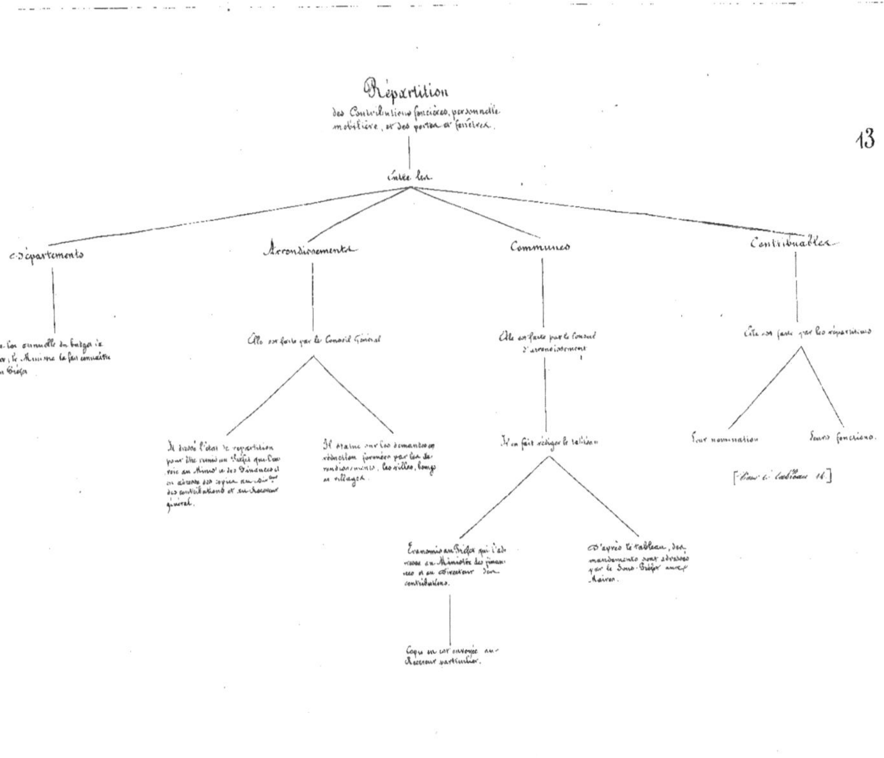
Répartition
des Contributions foncières, personnelle mobilière, et des portes et fenêtres.
entre les
Départements
Arrondissements
Communes
Contribuables
Elle est faite par le Conseil Général
Elle est faite par le Conseil d'arrondissement
Il en fait rédiger le tableau
Leur nomination
Leurs fonctions.

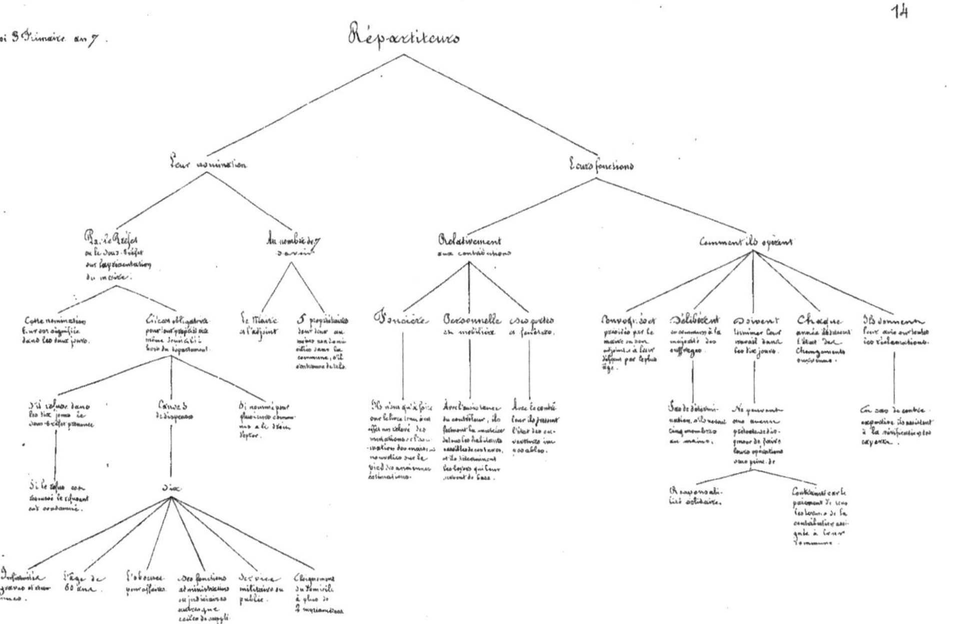
Loi 3 Frimaire an 7.
Répartiteurs
Leur nomination
Leurs fonctions
Par le Préfet ou le Sous-Préfet sur la présentation du maire.
Au nombre de 7 savoir
Le Maire et l'adjoint
Relativement aux contributions
Comment ils opèrent
Foncière
Personnelle et mobilière
Portes et fenêtres.
Délibèrent
Doivent terminer leur travail dans les dix jours.
Chaque année dressent l'état des changements survenus.
Ils donnent leur avis sur toutes les réclamations.
Causes de dispense
Six
L'âge de 60 ans.
L'absence pour affaires.
Service militaire ou public.
Responsabilité solidaire.

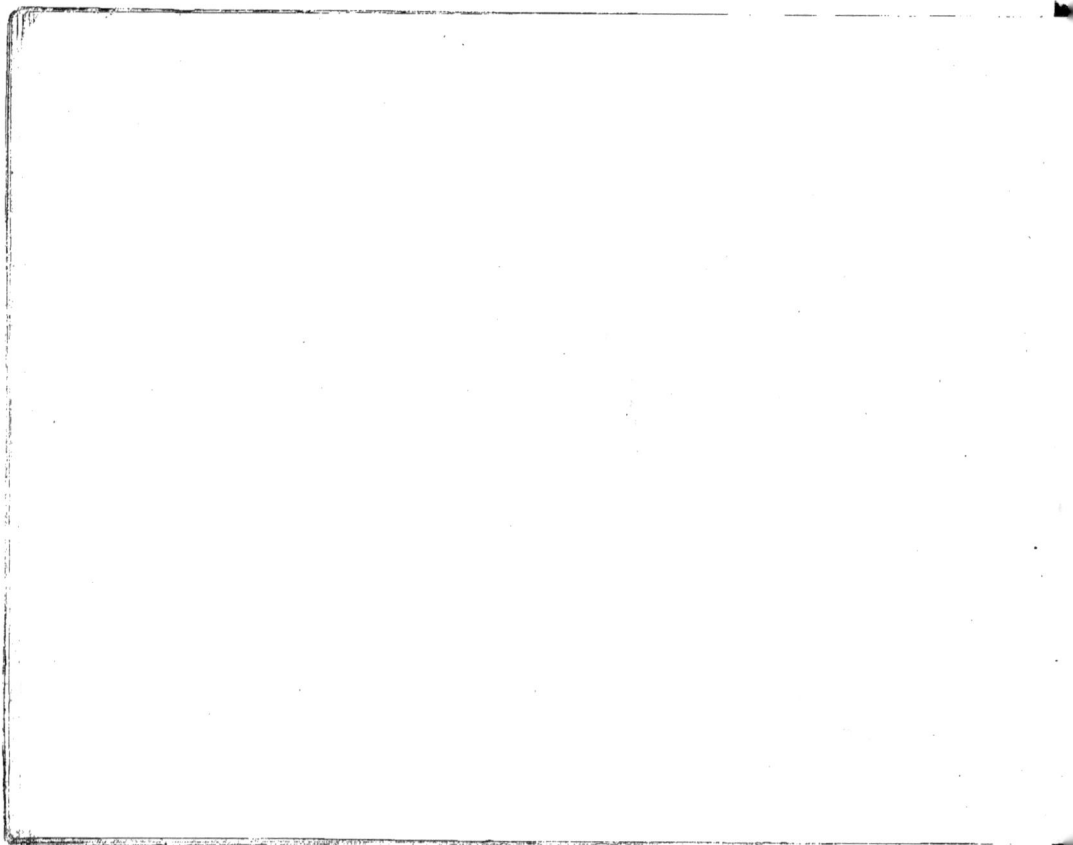

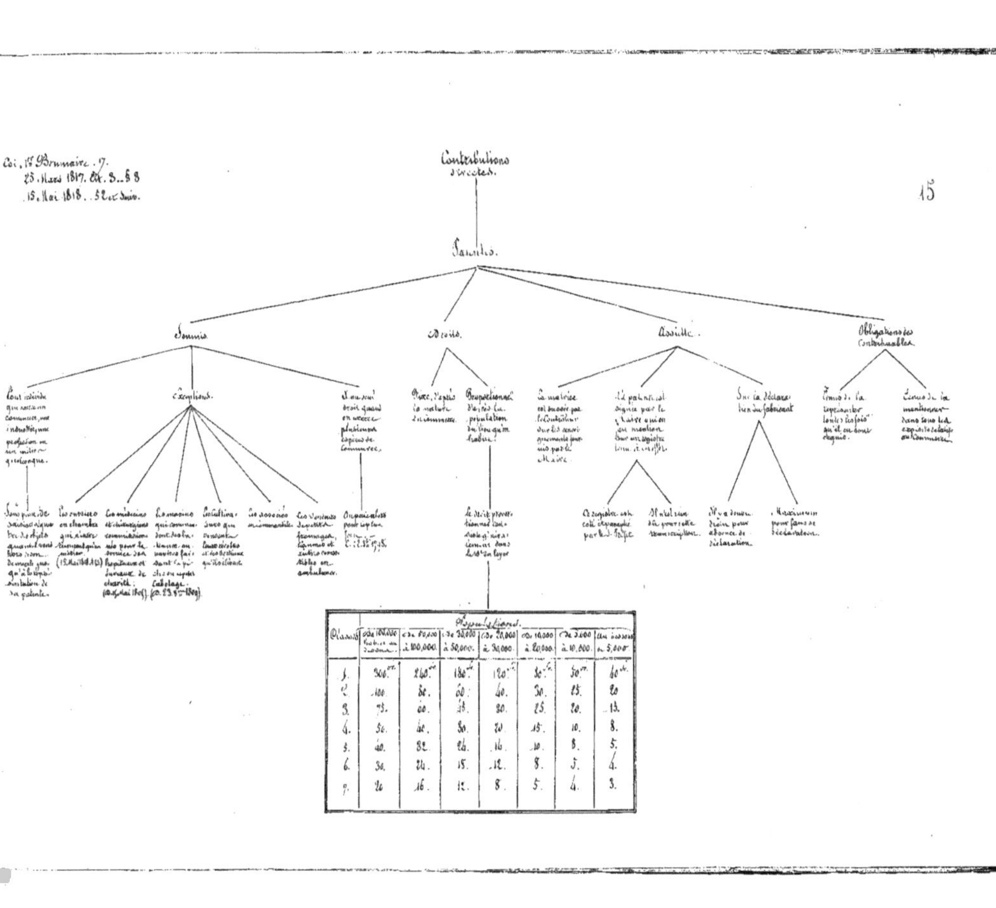

Classes	Population.						
	De 100,000 habitants et au dessus.	De 50,000 à 100,000.	De 30,000 à 50,000.	De 20,000 à 30,000.	De 10,000 à 20,000.	De 5,000 à 10,000.	Au dessous de 5,000.
1.	300.fr.	240.fr.	180.fr.	120.fr.	80.fr.	50.fr.	40.fr.
2.	100.	80.	60.	40.	30.	25.	20
3.	75.	60.	45.	30.	25.	20.	13.
4.	50.	40.	30.	20.	15.	10.	8.
5.	40.	32.	24.	16.	10.	8.	5.
6.	30.	24.	15.	12.	8.	5.	4.
7.	20	16.	12.	8.	5.	4.	3.

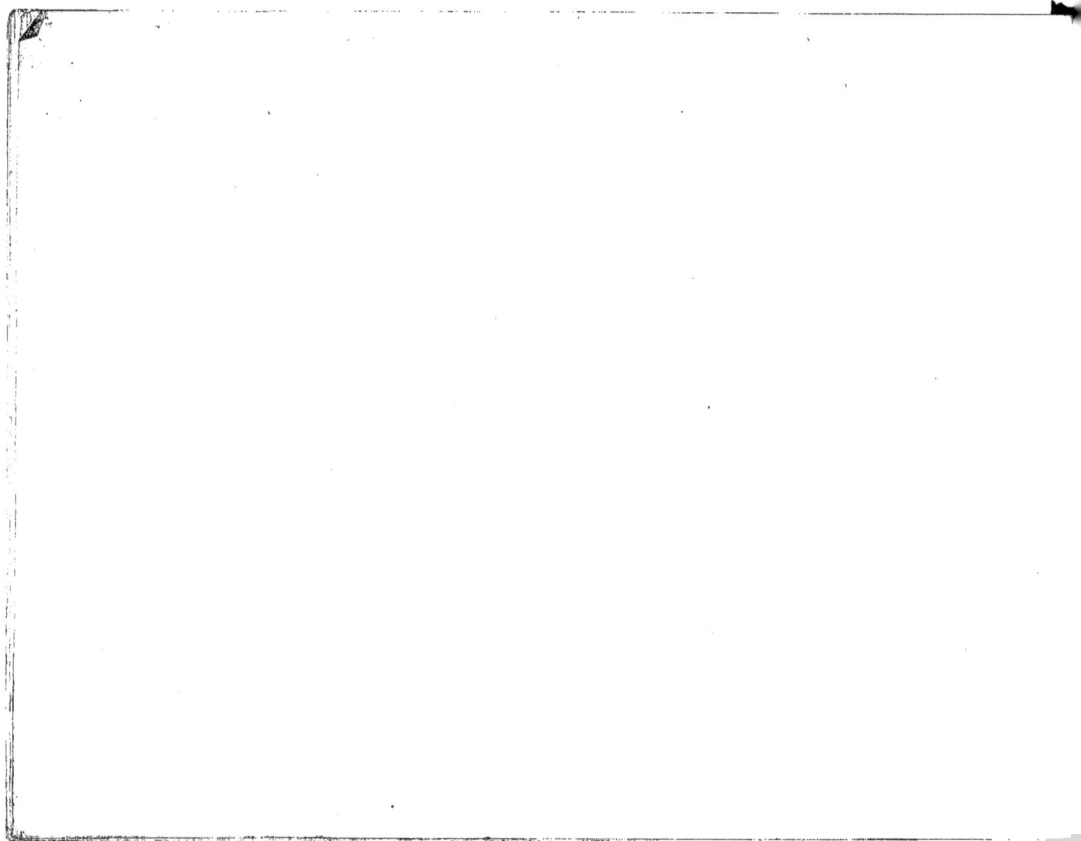

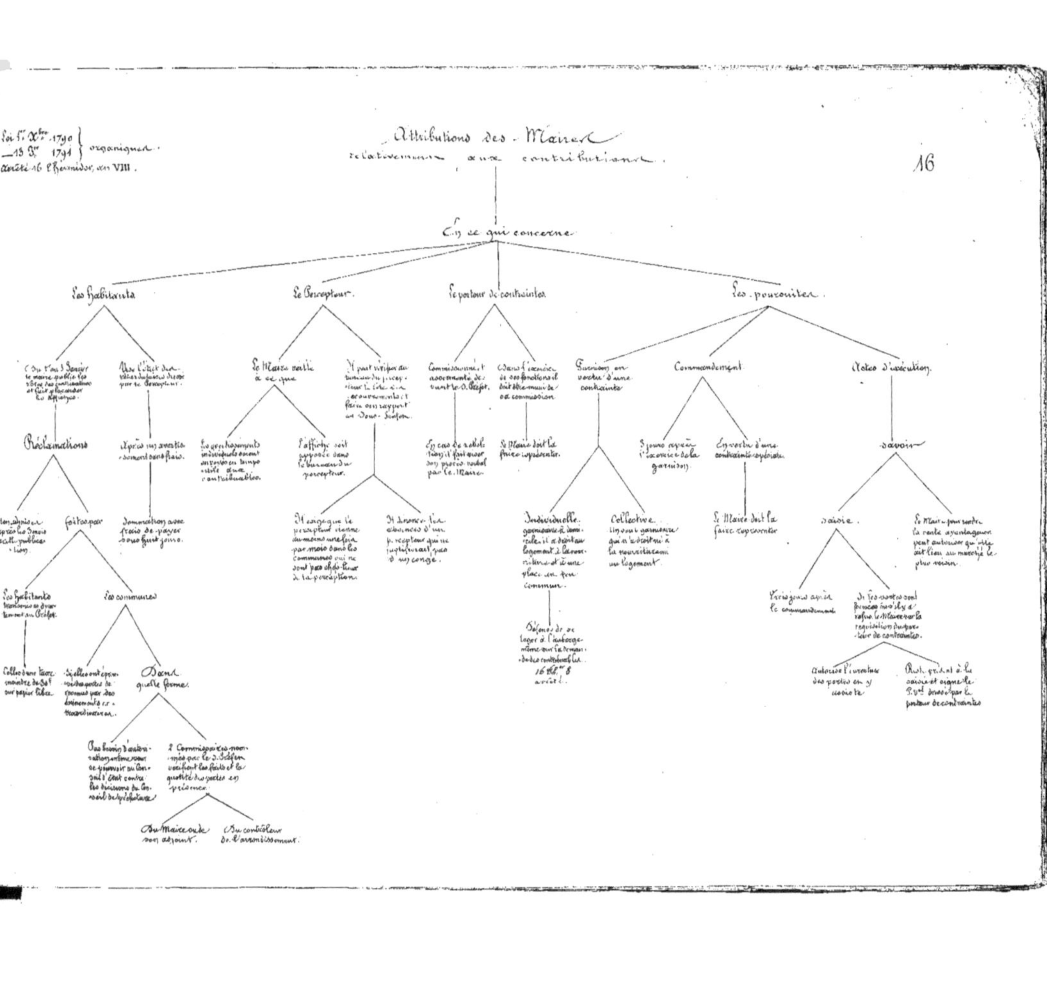
Loi 1er Xbre 1790 } organiques.
— 13 Jer 1791 }
Arrêté 16 Thermidor, an VIII.
Attributions des Maires
relativement aux contributions.
En ce qui concerne
Les habitants
Le Percepteur.
Le porteur de contraintes
Les poursuites.
Réclamations
Après un avertissement sans frais.
Sommation avec frais de payer sous huit jours.
Le Maire veille à ce que
L'affiche soit apposée dans le bureau du percepteur.
Commissionné et assermenté devant le S. Préfet.
Dans l'exercice de ses fonctions il doit être muni de sa commission.
En cas de rébellion il fait viser son procès-verbal par le Maire.
Le Maire doit la faire représenter.
Il exige que le percepteur vienne au moins une fois par mois dans les communes qui ne sont pas chef-lieu de la perception.
Garnison en vertu d'une contrainte
Commandement
Actes d'exécution.
En vertu d'une contrainte spéciale.
savoir
Individuelle.
Collective.
Le Maire doit la faire représenter
Saisie.
Trois jours après le commandement.
Faites par
Les habitants
Les communes
Dans quelle forme.
Du Maire ou de son adjoint.
Du contrôleur de l'arrondissement.

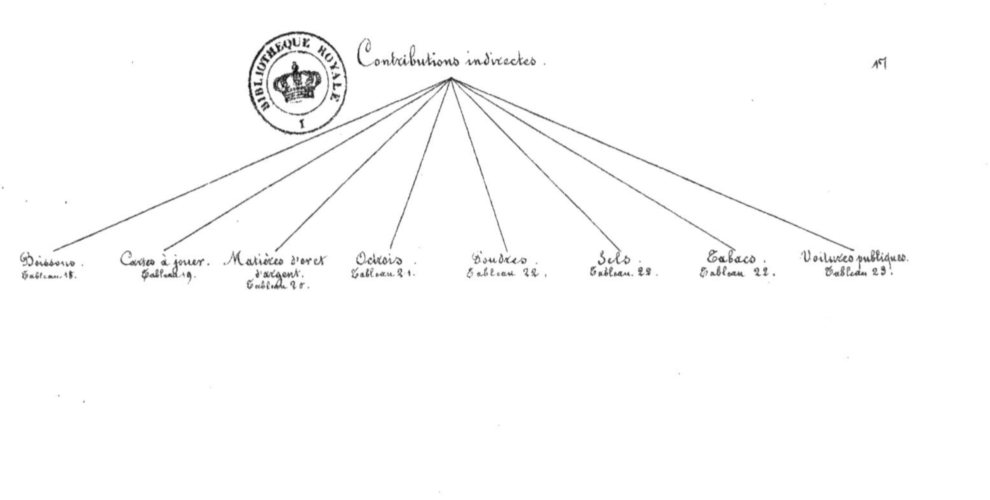
BIBLIOTHEQUE ROYALE
Contributions indirectes.
Boissons.
Tableau 18.
Cartes à jouer.
Tableau 19.
Matières d'or et d'argent.
Tableau 20.
Octrois.
Tableau 21.
Poudres.
Tableau 22.
Sels.
Tableau 22.
Tabacs.
Tableau 22.
Voitures publiques.
Tableau 23.

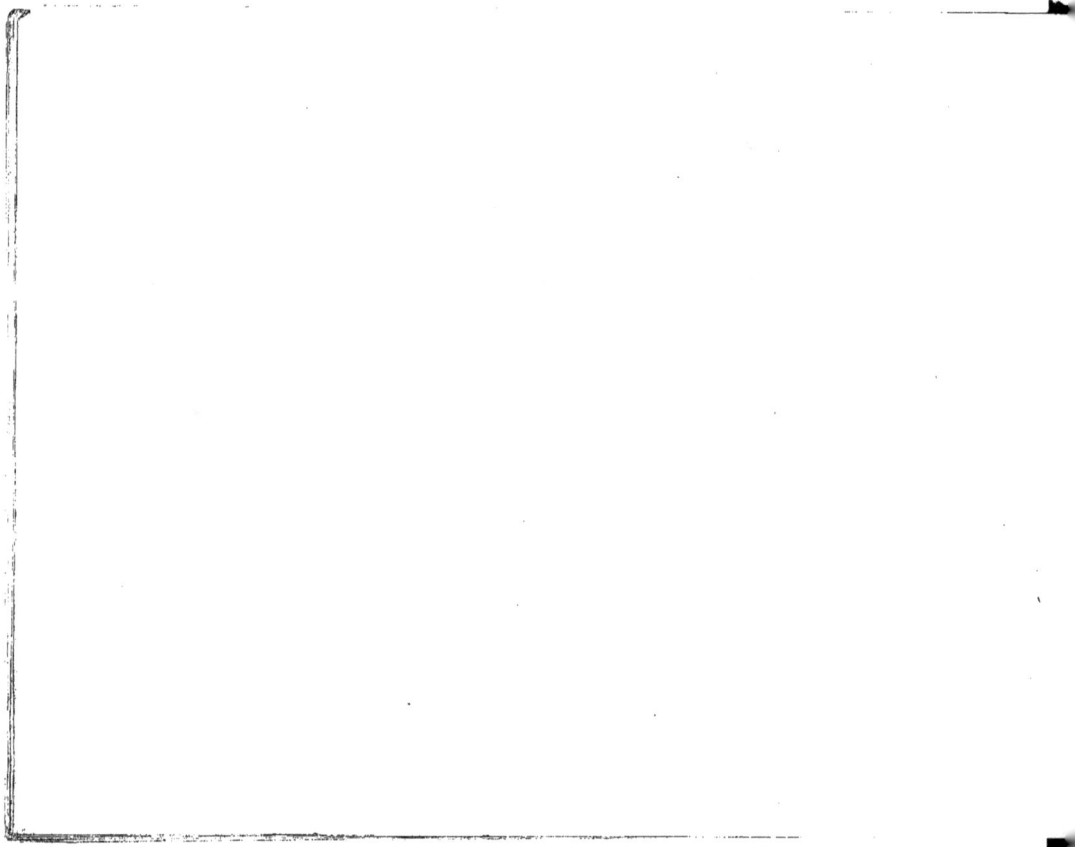

Loi du 28 avril 1816.

Contributions indirectes.

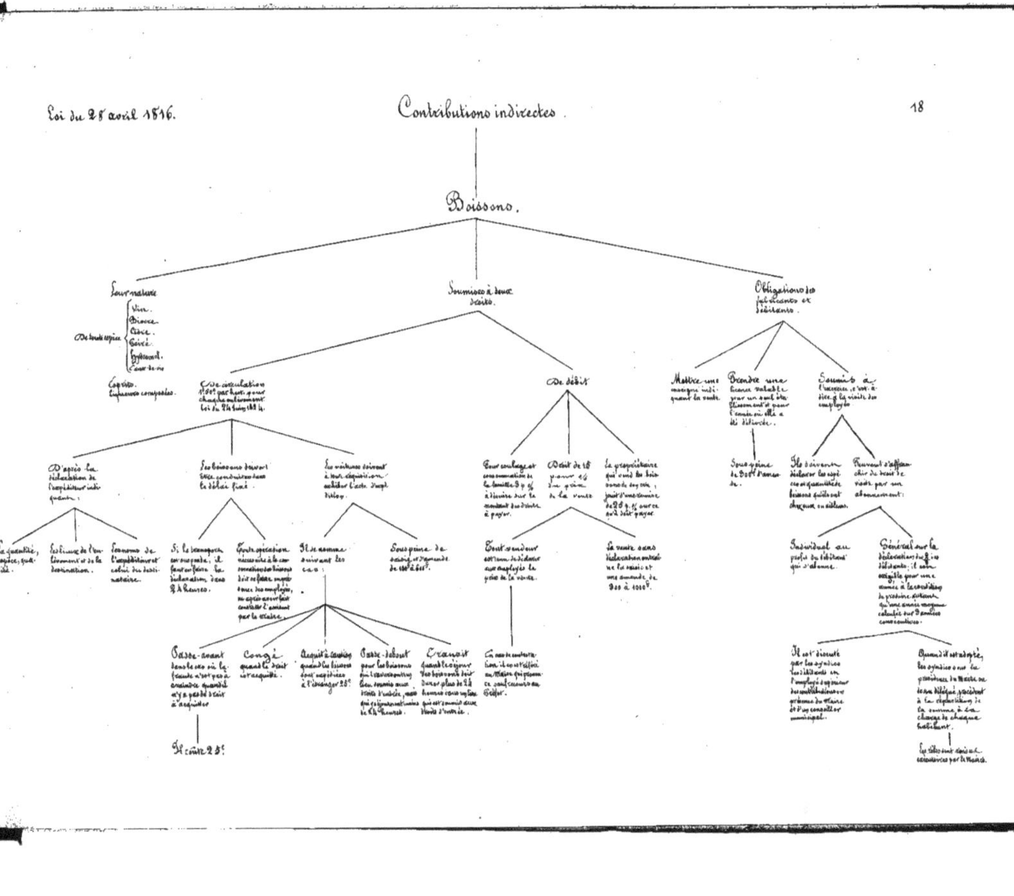

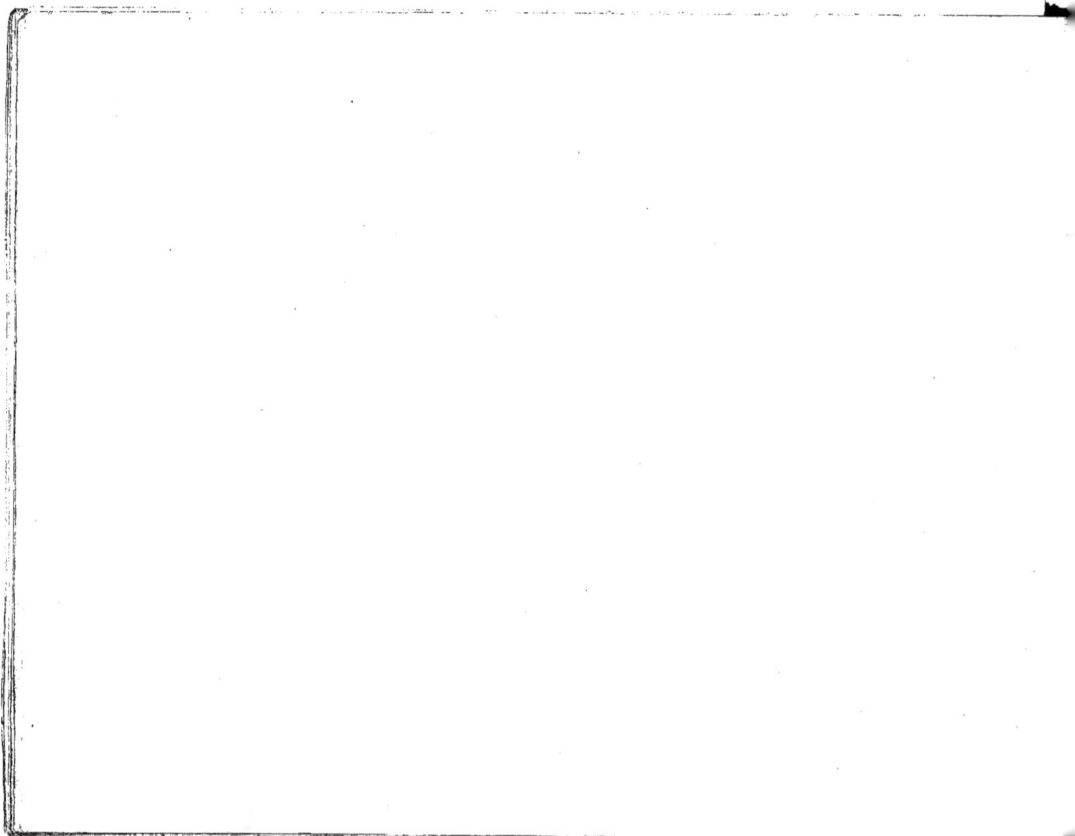

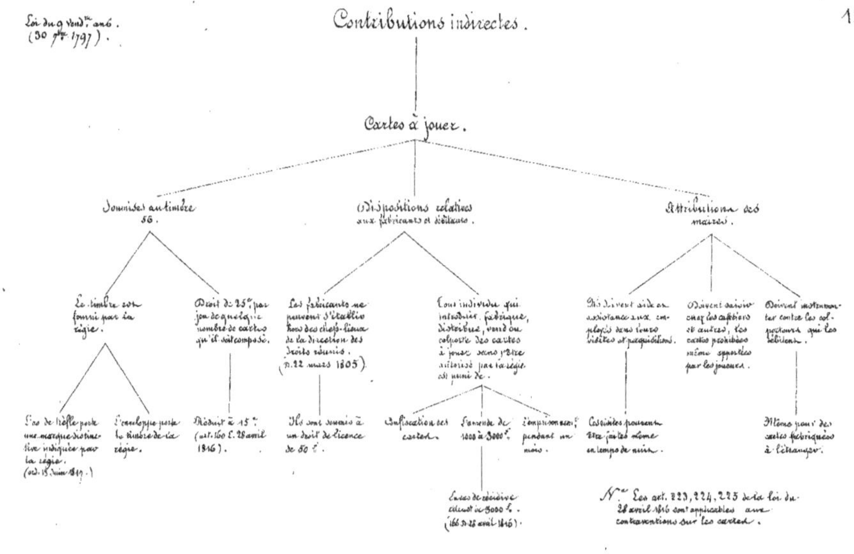
Loi du 9 vendre an 6. (30 7bre 1797).
Contributions indirectes.
Cartes à jouer.
Soumises au timbre 56.
Dispositions relatives aux fabricants et débitants.
Attributions des maires.
Le timbre est fourni par la régie.
Droit de 25c par jeu de quelque nombre de cartes qu'il soit composé.
Les fabricants ne peuvent s'établir hors des chefs-lieux de la direction des droits réunis. (D. 22 mars 1805).
Tout individu qui introduit, fabrique, distribue, vend ou colporte des cartes à jouer sans y être autorisé par la régie est puni de.
Ils doivent aide et assistance aux employés dans leurs visites et perquisitions.
Doivent saisir chez les cafetiers et autres, les cartes prohibées même apportées par les joueurs.
Doivent contraventer contre les colporteurs qui les débitent.
L'as de trèfle porte une marque distinctive indiquée par la régie. (ord. 15 juin 1817.)
L'enveloppe porte le timbre de la régie.
Réduit à 15c. (art. 160 L. 28 avril 1816).
Ils sont soumis à un droit de licence de 50 f.
Confiscation des cartes.
L'amende de 1000 à 3000 f.
L'emprisonnement pendant un mois.
Ces visites peuvent être faites même en temps de nuit.
Même pour des cartes fabriquées à l'étranger.
En cas de récidive l'amende est de 3000 f. (166 L. 28 avril 1816).
Na. Les art. 223, 224, 225 de la loi du 28 avril 1816 sont applicables aux contraventions sur les cartes.

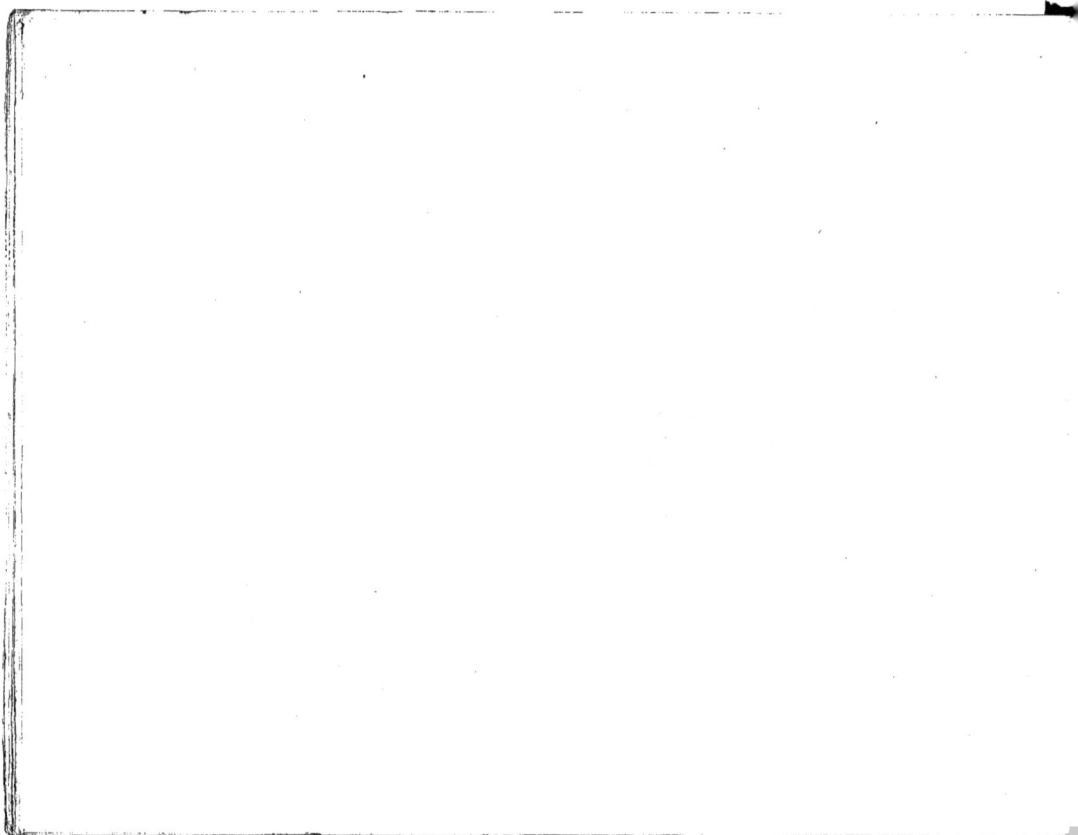

Loi du 6 9bre 1797.

Contributions indirectes.

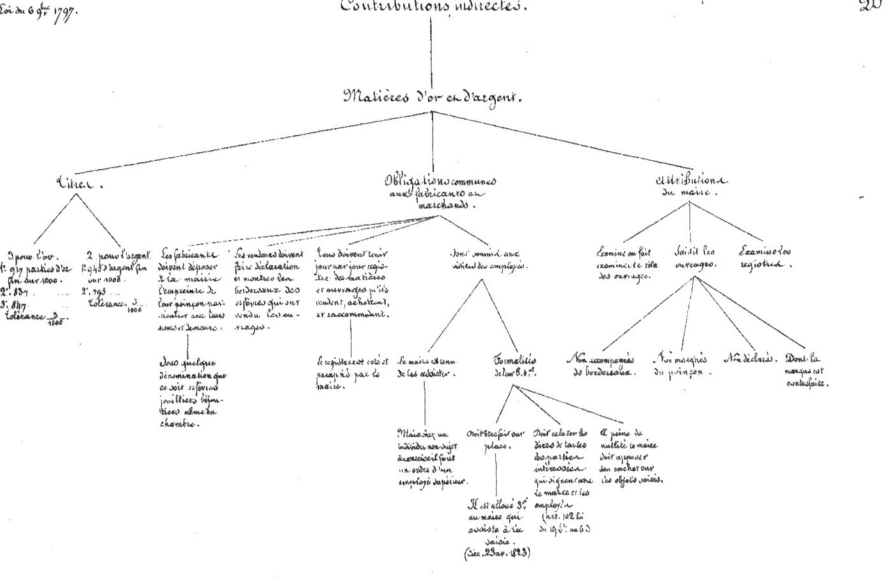
Matières d'or et d'argent.
Titre.
Obligations communes aux fabricants et marchands.
Attributions du maire.
2 pour l'argent.
Tolérance $\frac{3}{1000}$.
Les fabricants doivent déposer à la mairie l'empreinte de leur poinçon
Sous quelque dénomination que ce soit orfèvres joailliers bijoutiers même en chambre.
Les vendeurs doivent faire déclaration et montrer les bordereaux des orfèvres qui ont vendu les ouvrages.
Tous doivent tenir jour par jour registre des matières et ouvrages qu'ils vendent, achètent, et raccommodent.
Le registre est coté et paraphé par le maire.
Sont soumis aux visites des employés.
Le maire est tenu de les assister.
Formalités de leur S. et.
Doit être fait sur place.
Il est alloué 3f au maire qui assiste à la saisie. (Circ. 23 av. 1823)
A peine de nullité le maire doit apposer son cachet sur les objets saisis.
Saisit les ouvrages.
Examine les registres.
Non accompagnés de bordereaux.
Non marqués du poinçon.
Non déclarés.
Dont la marque est contrefaite.

La loi du 5 ventôse an VIII ordonne leur établissement.
Loi du 8 décembre 1814.
Ordonnance du 9 décembre 1814.
Loi du 28 avril 1816 - titre 6.

Contributions indirectes.

Octrois

établis pour subvenir aux dépenses qui sont à la charge des communes.

- Ils portent sur
  - 1° Les boissons et liquides, 2° Comestibles, 3° Combustibles, 4° Fourrages, 5° Matériaux
- Leur existence.
  - Est délibérée par les conseils municipaux, ainsi que tous les changements qui y sont apportés.
    - Délibérations remises au Préfet par le Maire
    - Admis par le Ministre et suivis d'une ordonnance royale.
  - Est indiquée par des poteaux
  - Les droits sont perçus même dans les faubourgs.
    - Les conducteurs ne peuvent dépasser avant le bureau aucun objet soumis au droit sans en faire la déclaration préalable.
      - Sous peine de saisie et d'amende.
        - Sous l'approbation du Préfet les maires sont autorisés à faire remise de tout ou partie des condamnations.
      - Ils sont tenus d'exhiber les lettres de voiture, congés, etc.
      - Ils doivent faciliter les recherches et visites des employés.
- Les employés.
  - Ceux supérieurs sont nommés par le Ministre.
  - Ceux inférieurs sont nommés par le Préfet sur la présentation du Maire.
    - Ils doivent savoir lire et écrire.
    - Être de bonne vie et mœurs.
- Registres.
  - Fournis par la commune et cotés et paraphés par le Maire.
    - Il peut en prendre connaissance sans déplacement pour les registres courants.
  - Les bordereaux trimestriels des recettes et dépenses sont signés par le Maire.
  - Les comptes sont rendus au Maire tous les ans, et les arrêtés dans les 3 mois de l'année suivante.

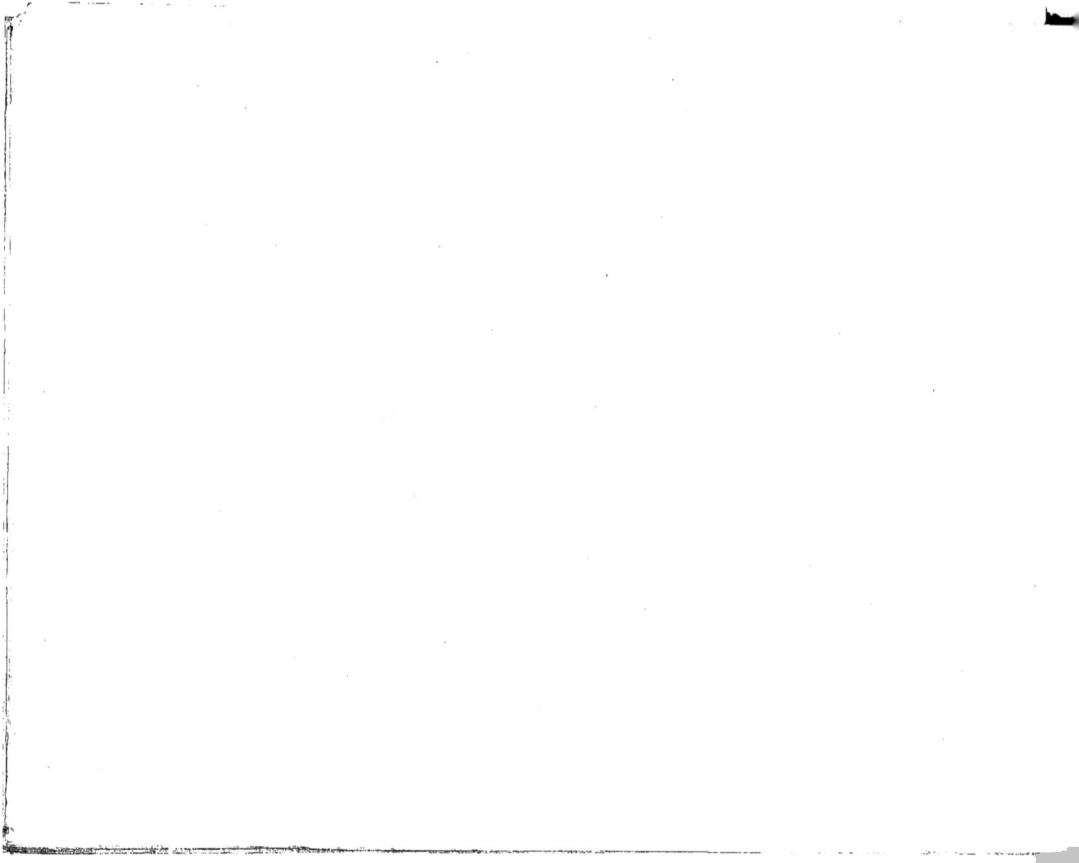

Contributions indirectes.

Poudres.
Loi du 30 août 1797.

- Il n'est pas permis de faire de la poudre sans autorisation
  - ni d'en vendre.
- Pas permis d'en avoir chez soi et même pour son usage plus de 5 kilogs
- Le Maire doit saisir tout dépôt et toute fabrication.

Sels.
Loi du 28 avril 1816.

- Pas de dépôt de plus de 30 kilog.
- Le Maire assiste les employés dans leurs visites
  - Les recherches ne peuvent se faire avant le lever et après le coucher du soleil.

Tabacs.
Décret du 28 Août 1808.
Loi du 28 avril 1816.

Culture.

- Une autorisation est nécessaire pour la culture de plus de 20 pieds de tabac.
  - Lorsqu'une récolte a été ravagée par accidents le planteur les fait constater par les employés en présence du Maire
    - Le Maire doit assister aux visites domiciliaires des employés.
  - Les récoltes sont estimées de suite. S'il y a discussion, le Maire doit veiller à ce que le procès-verbal constate avec exactitude et impartialité.
    - La nature des accidents, leurs causes, leurs résultats.
    - Les dires respectifs du planteur et des employés

Fabrication.

- Sont considérés comme fabricants frauduleux, les particuliers chez lesquels on trouvera
  - Des ustensiles, machines propres à la fabrication et en même temps des feuilles de tabac ou du tabac en préparation.
  - Plus de 10 kilog. de tabac fabriqué qui ne porterait les marques de la régie.
  - Sous peine de confiscation et d'amende de 1000 à 3000 fr.

Vente.

- La vente ne peut se faire que par la régie.
  - Le maximum du prix est par kilog.: 1re qualité 11f 20, 2me qualité 7f 20 le contingent.
- Ceux qui colportent ou vendent en fraude à leur domicile même sans être surpris dans leur vente.
  - Sont punis de la confiscation et d'une amende de 300 à 1000 f.
  - Le Maire doit entraver la vente des tabacs de fraude ou fabriqués à l'étranger.
    - Il doit faire arrêter les colporteurs et saisir non seulement les tabacs mais encore les moyens de transport.

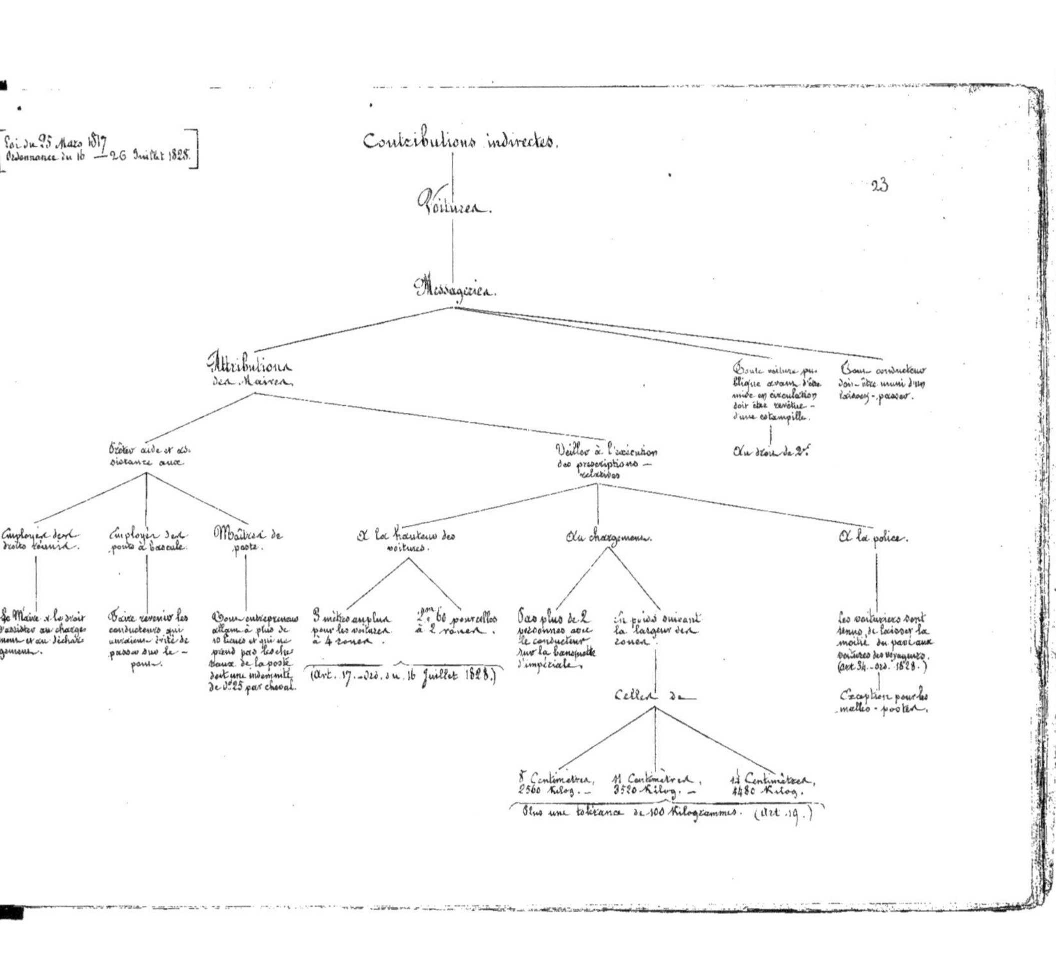

Loi du 25 Mars 1817
Ordonnance du 16 — 26 Juillet 1828.
Contributions indirectes.
Voitures.
Messageries.
Attributions des Maires.
Toute voiture publique avant d'être mise en circulation doit être revêtue d'une estampille.
Au droit de 2f.
Tout conducteur doit être muni d'un laissez-passer.
Prêter aide et assistance aux
Veiller à l'exécution des prescriptions relatives
Employés des droits réunis.
Employés des ponts à bascule.
Maîtres de poste.
A la hauteur des voitures.
Au chargement.
A la police.
Le Maire a le droit d'assister au chargement et au déchargement.
Faire revenir les conducteurs qui auraient évité de passer sur le pont.
Tout entrepreneur allant à plus de 10 lieues et qui ne prend pas les chevaux de la poste doit une indemnité de 0f.25 par cheval.
3 mètres au plus pour les voitures à 4 roues.
2m 60 pour celles à 2 roues.
(Art. 17. - Ord. du 16 Juillet 1828.)
Pas plus de 2 personnes avec le conducteur sur la banquette d'impériale.
Le poids suivant la largeur des roues.
Celles de
8 Centimètres, 2560 Kilog.
11 Centimètres, 3520 Kilog.
14 Centimètres, 4480 Kilog.
Plus une tolérance de 100 Kilogrammes. (Art. 19.)
Les voituriers sont tenus de laisser la moitié du pavé aux voitures des voyageurs. (Art 34. - Ord. 1828.)
Exception pour les malles-postes.

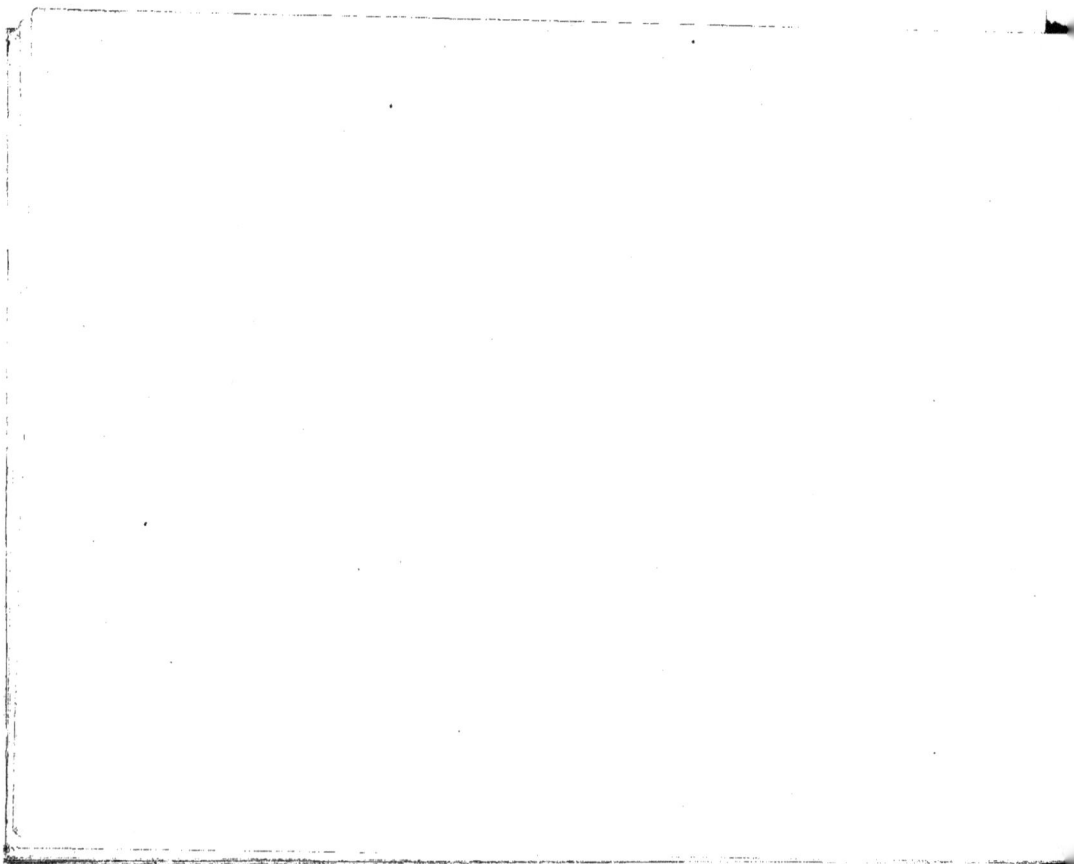

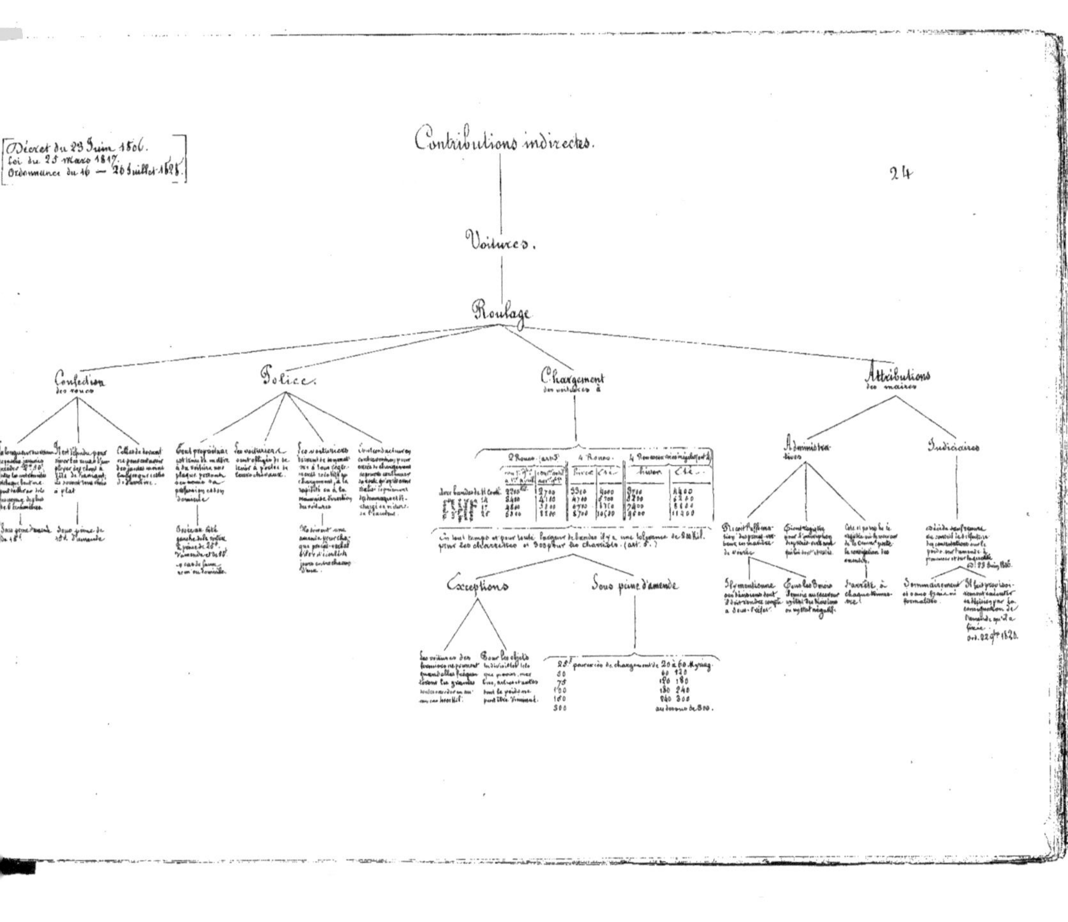
Décret du 23 Juin 1806.
Loi du 25 mars 1817.
Ordonnance du 16 — 26 Juillet 1828.
Contributions indirectes.
Voitures.
Roulage
Confection des roues
Police.
Chargement des voitures à
2 Roues (art. 3)
4 Roues.
Hiver
Été
En tout temps et pour toute largeur de bandes il y a une tolérance de 200 Kil. pour les charrettes et 300 pour les chariots. (art. 5.)
Exceptions
Sous peine d'amende
au dessus de 300.
Attributions des maires
Administratives
Judiciaires
Ord. 23 Juin 1806.
Sommairement et sans frais ni formalités
Ord. 22 9bre 1820.

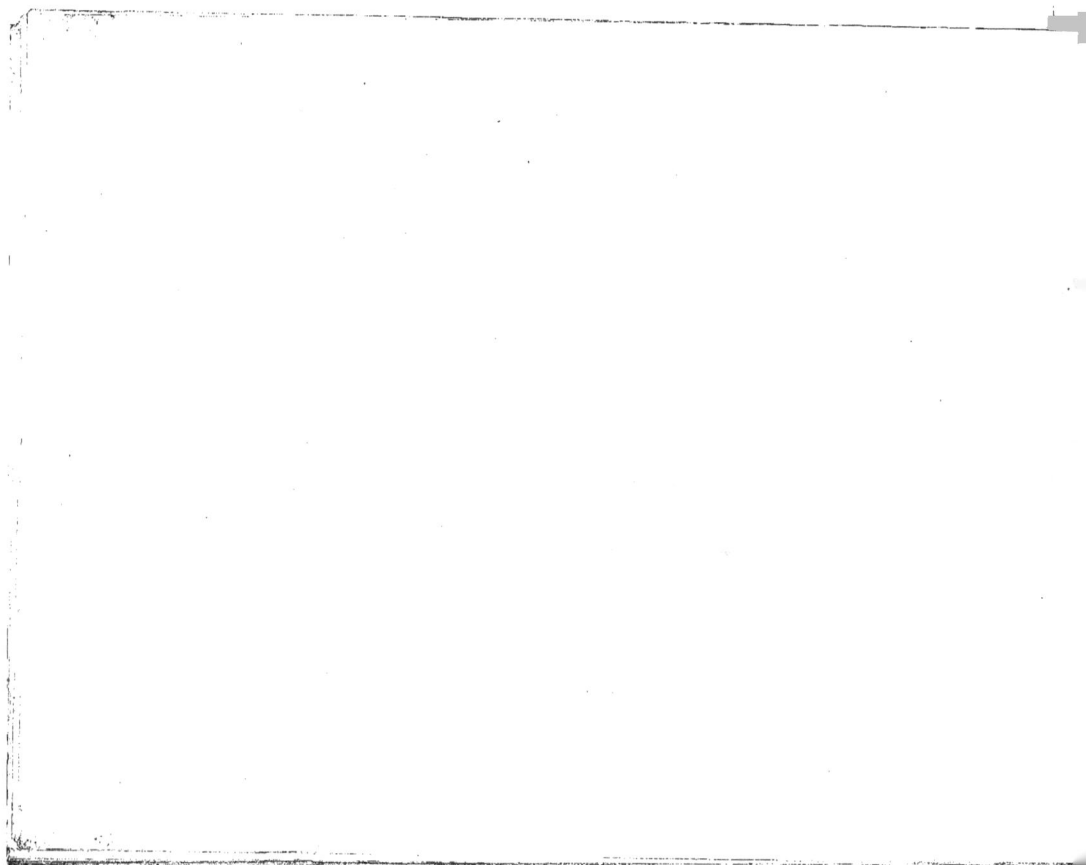

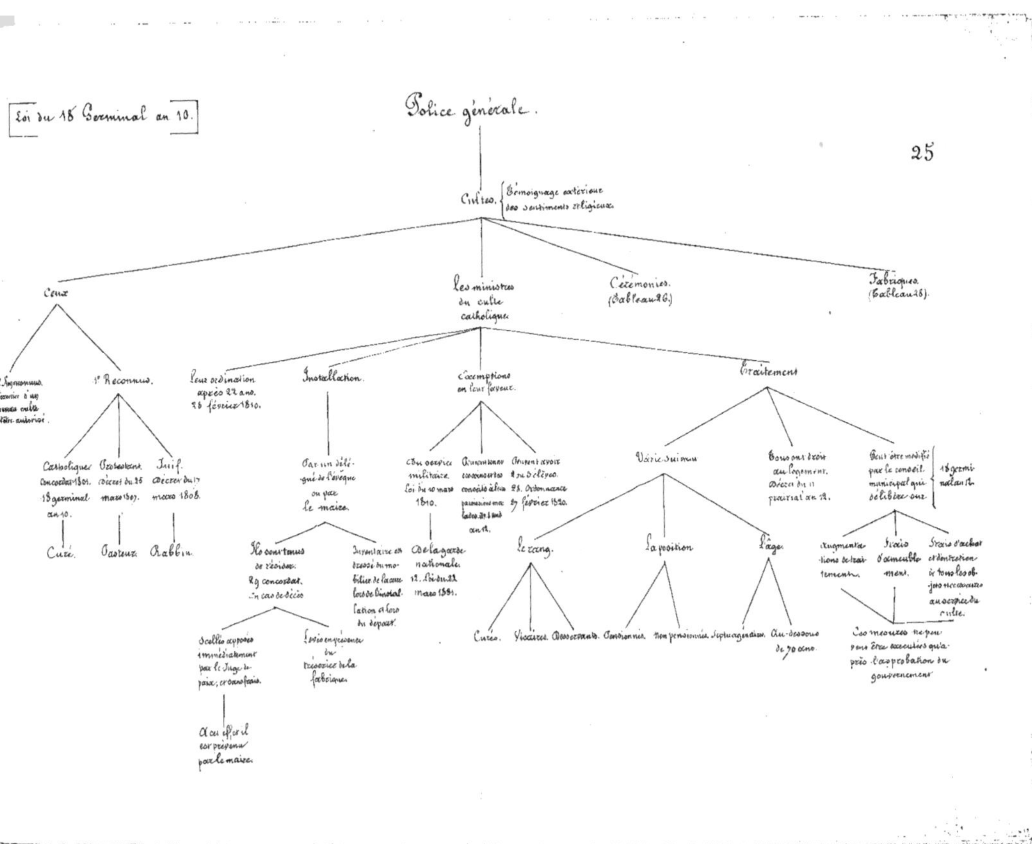

Loi du 18 Germinal an 10.
Police générale.
Cultes.
Témoignage extérieur des sentiments religieux.
Ceux
Les ministres du culte catholique.
Cérémonies. (Tableau 26.)
Fabriques. (Tableau 28).
1° Reconnus.
Catholique. Concordat 1801. 18 germinal an 10.
Protestant. décret du 25 mars 1807.
Juif. décret du 17 mars 1808.
Curé.
Pasteur.
Rabbin.
Leur ordination après 22 ans. 28 février 1810.
Installation.
Par un délégué de l'évêque ou par le maire.
Ils sont tenus de résider. 29 concordat. En cas de décès
Scellés apposés immédiatement par le Juge de paix, et sans frais.
A cet effet il est prévenu par le maire.
Inventaire est dressé du mobilier de la cure lors de l'installation et lors du départ.
Exemptions en leur faveur.
Du service militaire. Loi du 10 mars 1810.
De la garde nationale. 12. Loi du 22 mars 1831.
Peuvent avoir 1 ou 2 élèves. 28. Ordonnance 27 février 1820.
Traitement
Varie suivant
Le rang.
Curés.
Vicaires.
Desservants.
La position
Pensionnés.
Non pensionnés.
L'âge.
Septuagénaires.
Au-dessous de 70 ans.
Tous ont droit au logement. Décret du 11 prairial an 12.
Peut être modifié par le conseil municipal qui délibère sur
18 germinal an 12.
Augmentations de traitement.
Frais d'ameublement.
Frais d'achat et d'entretien de tous les objets nécessaires au service du culte.
Ces mesures ne peuvent être exécutées qu'après l'approbation du gouvernement

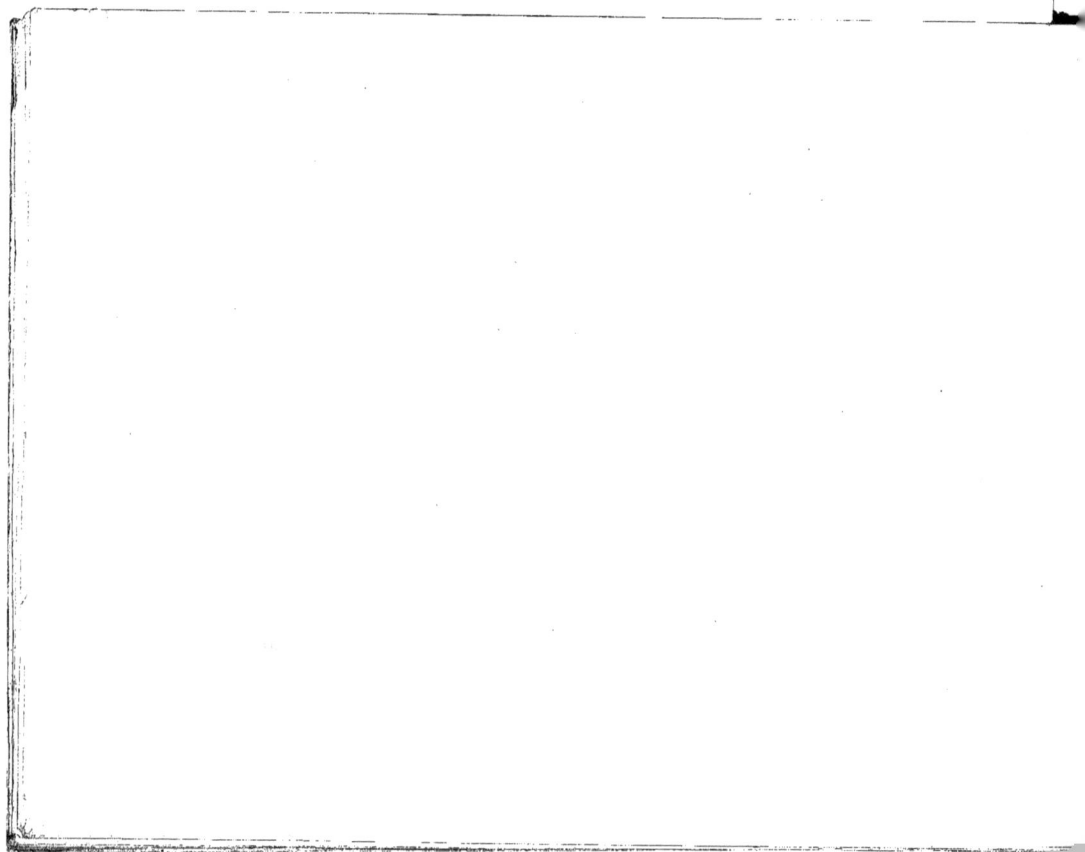

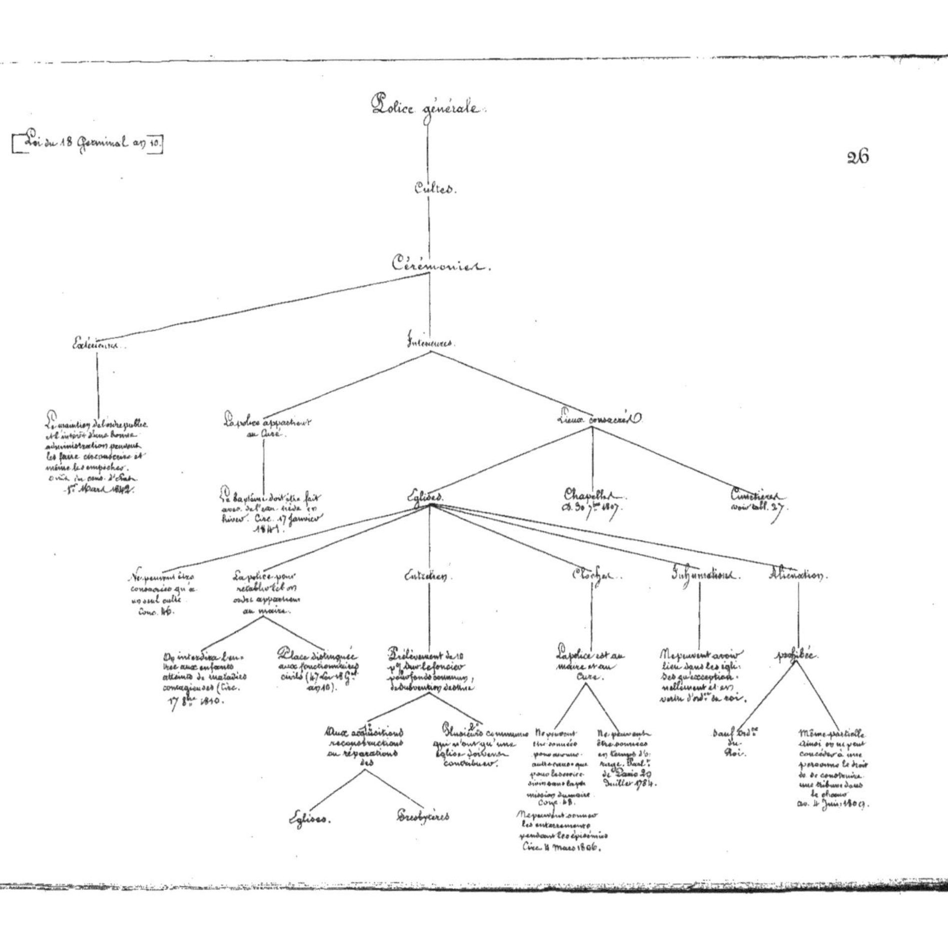
Police générale.
Loi du 18 Germinal an 10.
Cultes.
Cérémonies.
Extérieures.
Intérieures.
Le maintien de l'ordre public et l'intérêt d'une bonne administration peuvent les faire circonscrire et même les empêcher. Avis du cons. d'État 5 Mars 1842.
La police appartient au Curé.
Le baptême doit être fait avec de l'eau tiède en hiver. Circ. 17 Janvier 1841.
Lieux consacrés.
Églises.
Chapelles. Av. 30 7bre 1807.
Cimetières voir tabl. 27.
Ne peuvent être consacrées qu'à un seul culte Conc. 46.
La police pour rétablir l'ordre appartient au maire.
On interdira l'entrée aux enfants atteints de maladies contagieuses (Circ. 17 8bre 1810.
Place distinguée aux fonctionnaires civils (47 Loi 18 Gal an 10).
Entretien.
Prélèvement de 10 p% sur le foncier pour fonds commun, de subvention destiné
Aux acquisitions reconstructions ou réparations des
Églises.
Presbytères.
Plusieurs communes qui n'ont qu'une église doivent contribuer.
Cloches.
La police est au maire et au Curé.
Ne peuvent être sonnées pour aucune autre cause que pour le service divin sans la permission du maire Conc. 48.
Ne peuvent être sonnées en temps d'orage. Parlt de Paris 29 Juillet 1784.
Ne peuvent sonner les enterrements pendant les épidémies Circ. 11 Mars 1806.
Inhumations.
Ne peuvent avoir lieu dans les églises qu'exceptionnellement et en vertu d'ordce du roi.
Aliénation.
prohibée.
Sauf ordce du Roi.
Même partielle ainsi on ne peut concéder à une personne le droit de se construire une tribune dans le chœur Av. 4 Juin 1809.

[D. 23 prairial an 12 (12 juin 1804)]

Police générale.

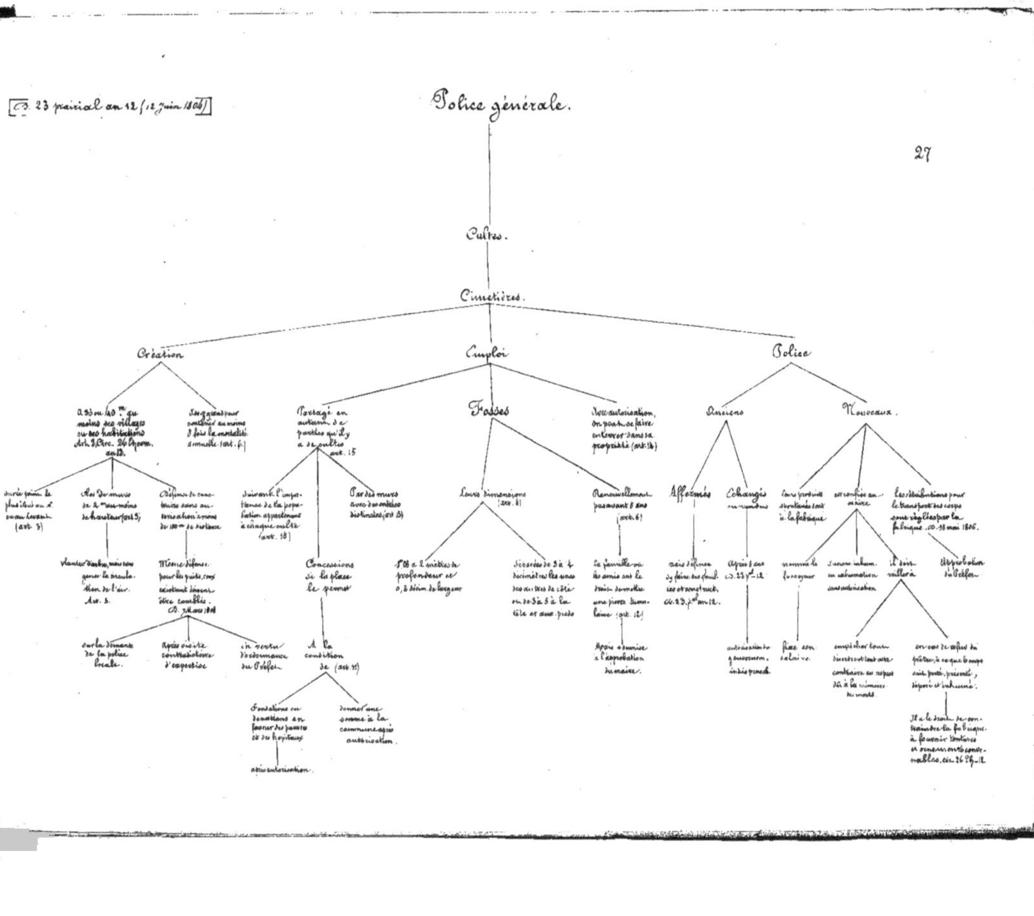

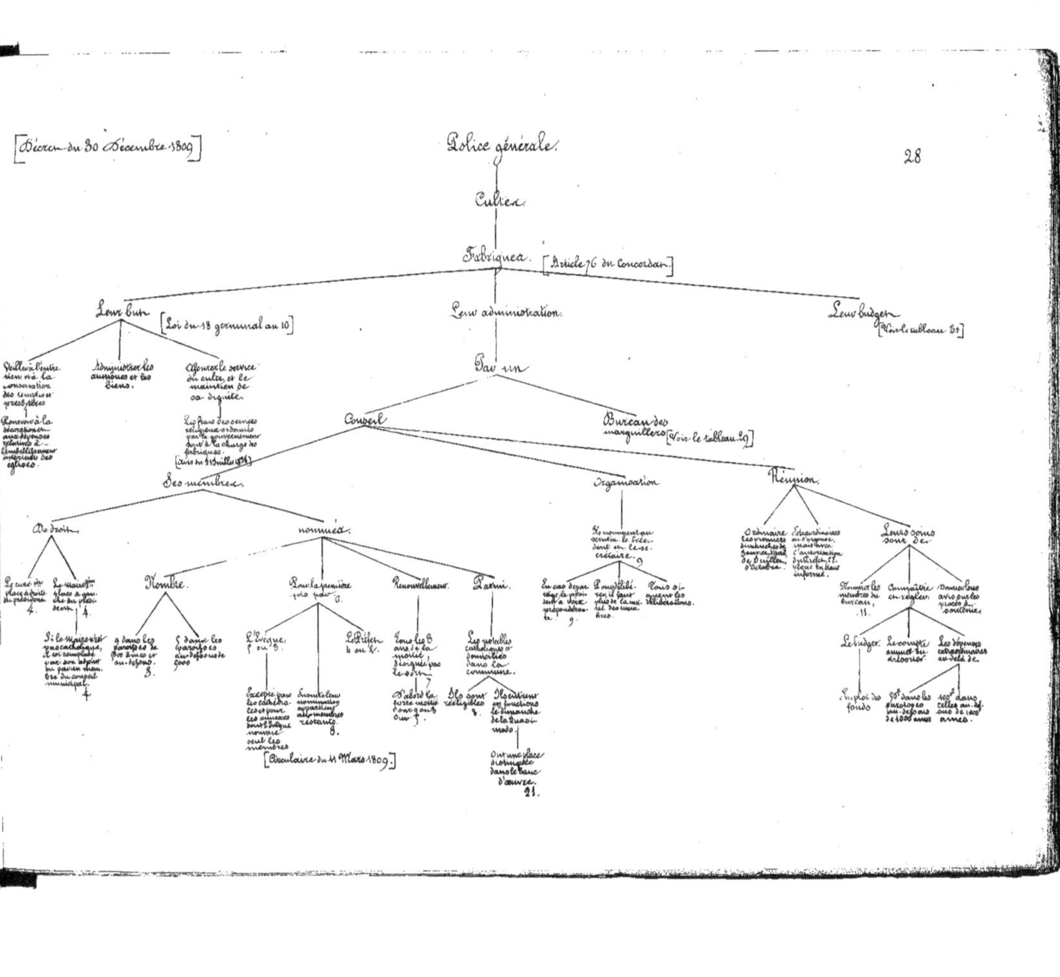
[Décret du 30 Décembre 1809]
Police générale.
Cultes
Fabriques. [Article 76 du Concordat.]
Leur but [Loi du 18 germinal an 10]
Leur administration.
Leur budget [Voir le tableau 31]
Administrer les aumônes et les biens.
Assurer le service du culte, et le maintien de sa dignité.
Par un
Conseil
Bureau des marguilliers [Voir le tableau 29]
Ses membres.
Organisation
Réunion.
De droit.
nommés.
Nombre.
Pour la première fois par 6.
Renouvellement.
Parmi.
L'Évêque, 5 ou 3.
Le Préfet 4 ou 2.
Tous les 3 ans de la moitié, désignée par le sort. 7
Les notables catholiques et domiciliés dans la commune.
Ils sont rééligibles 8.
Ils entrent en fonctions le dimanche de la Quasimodo.
Ont une place distinguée dans le banc d'œuvre. 21.
[Circulaire du 11 Mars 1809.]
Leurs soins sont de
Nommer les membres du bureau, 11.
Connaître en régler
Donner leur avis sur les procès à soutenir.
Le budget.
Le compte annuel du trésorier.
Les dépenses extraordinaires au delà de
Emploi des fonds

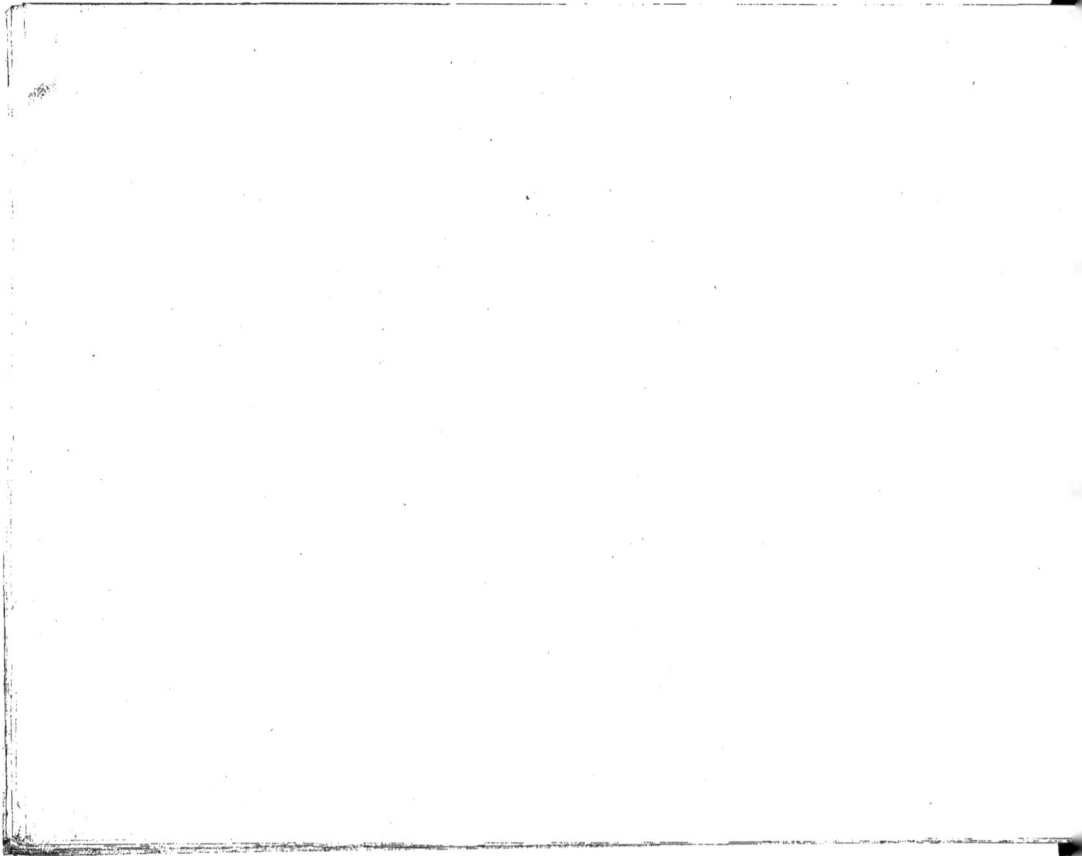

[Décret du 30 décembre 1809.]

Police générale.

Cultes.

Bureau de la fabrique.

- **Son organisation.**
  - **Ses membres.**
    - Le curé est membre perpétuel et de droit. (Art. 13)
      - Il a la 1re place à côté du Président et peut se faire remplacer par son vicaire. (Art. 13)
    - Trois membres du conseil de fabrique
      - nommés d'abord par le conseil de fabrique. (Art. 10)
        - Les 2 premiers sortent par la voie du sort, ensuite par ancienneté. (Art. 16-17.)
        - Les fonctions cessent au 1er Avril de chaque année. (Art. 15)
      - ne peuvent l'être en même temps les parents ou alliés jusqu'au degré d'oncle et de neveu. (Art. 14)
  - **Nomment entre eux. (Art. 19)**
    - Le Président.
      - A voix prépondérante en cas de partage. (Art. 20)
    - Le secrétaire.
    - Le Trésorier
      - **Attributions**
        - Fait rentrer les sommes dues. (Art. 25)
          - Tenu de faire tous actes conservatoires. (Art. 78)
        - Fait toutes les dépenses de l'Église et de la sacristie. (Art. 35)
        - Tient un registre coté et paraphé sur papier non timbré. (Art. 88)
        - Tous les 3 mois fournit le bordereau de la situation active et passive. (Art. 34)
          - Porte en recette en nature les cierges offerts sur les pains bénis et aux services. (Art. 76.
  - Pour la validité de leurs délibérations, il faut 3 membres au moins. (Art. 20)
    - Elles sont signées par tous les membres. (Art. 20)
- **Ses attributions.**
  V. Tableau No. 30.

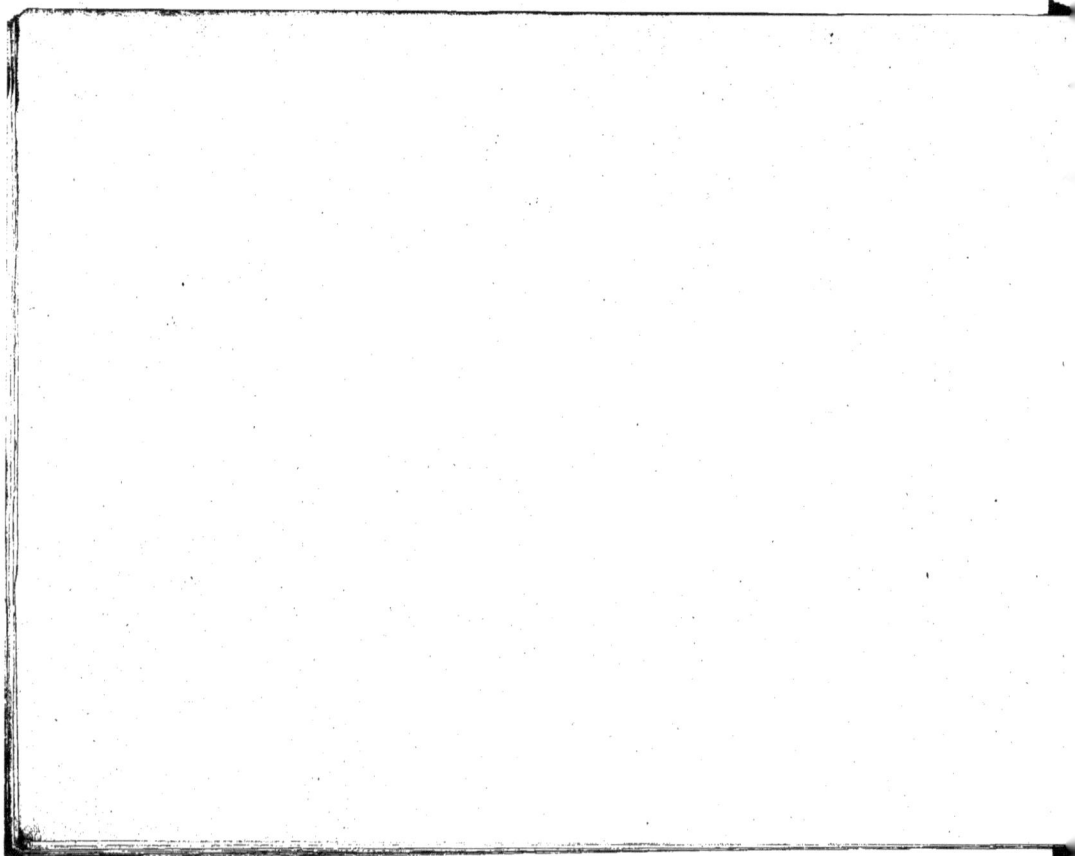

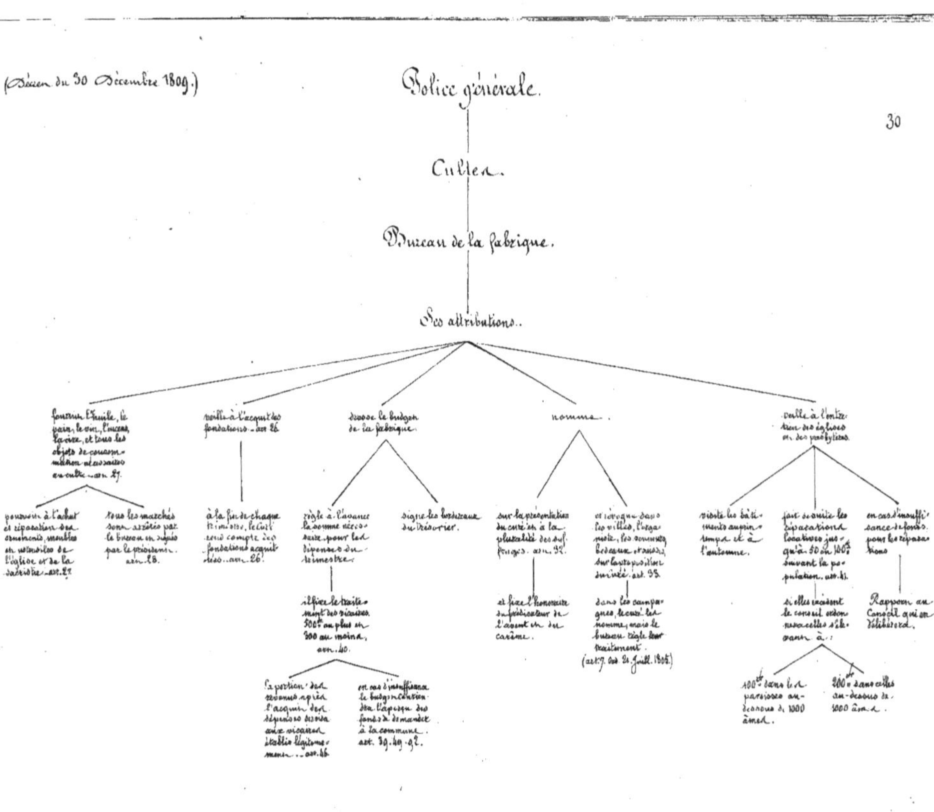

(Décret du 30 Décembre 1809.)
Police générale.
30
Cultes.
Bureau de la fabrique.
Ses attributions..
fournit l'huile, le pain, le vin, l'encens, la cire, et tous les objets de consommation nécessaires au culte. art. 27.
pourvoit à l'achat et réparation des ornements, meubles et ustensiles de l'église et de la sacristie. art. 27.
tous les marchés sont arrêtés par le bureau et signés par le président. art. 28.
veille à l'acquit des fondations. art. 26.
à la fin de chaque trimestre, le curé rend compte des fondations acquittées. art. 26.
dresse le budget de la fabrique.
règle à l'avance la somme nécessaire pour les dépenses du trimestre.
il fixe le traitement des vicaires. 500f au plus et 300 au moins. art. 40.
la portion des revenus après l'acquit des dépenses est versée aux vicaires établis légitimement. art. 46
en cas d'insuffisance le budget contiendra l'aperçu des fonds à demander à la commune. art. 39. 49. 92.
signe les bordereaux du trésorier.
nomme.
sur la présentation du curé et à la pluralité des suffrages. art. 32.
et fixe l'honoraire du prédicateur de l'avent et du carême.
et révoque dans les villes, l'organiste, les sonneurs, bedeaux et suisses, sur la proposition du curé. art. 33.
dans les campagnes, le curé les nomme, mais le bureau règle leur traitement.
(art. 7. Ord. 21. Juill. 1805.)
veille à l'entretien des églises et des presbytères.
visite les bâtiments au printemps et à l'automne.
fait exécuter les réparations locatives jusqu'à 50 et 100f suivant la population. art. 41.
si elles excèdent le conseil ordonnera celles s'élevant à :
100f dans les paroisses au-dessous de 1000 âmes.
200f dans celles au-dessus de 1000 âmes.
en cas d'insuffisance de fonds pour les réparations
Rapport au Conseil qui en délibérera.

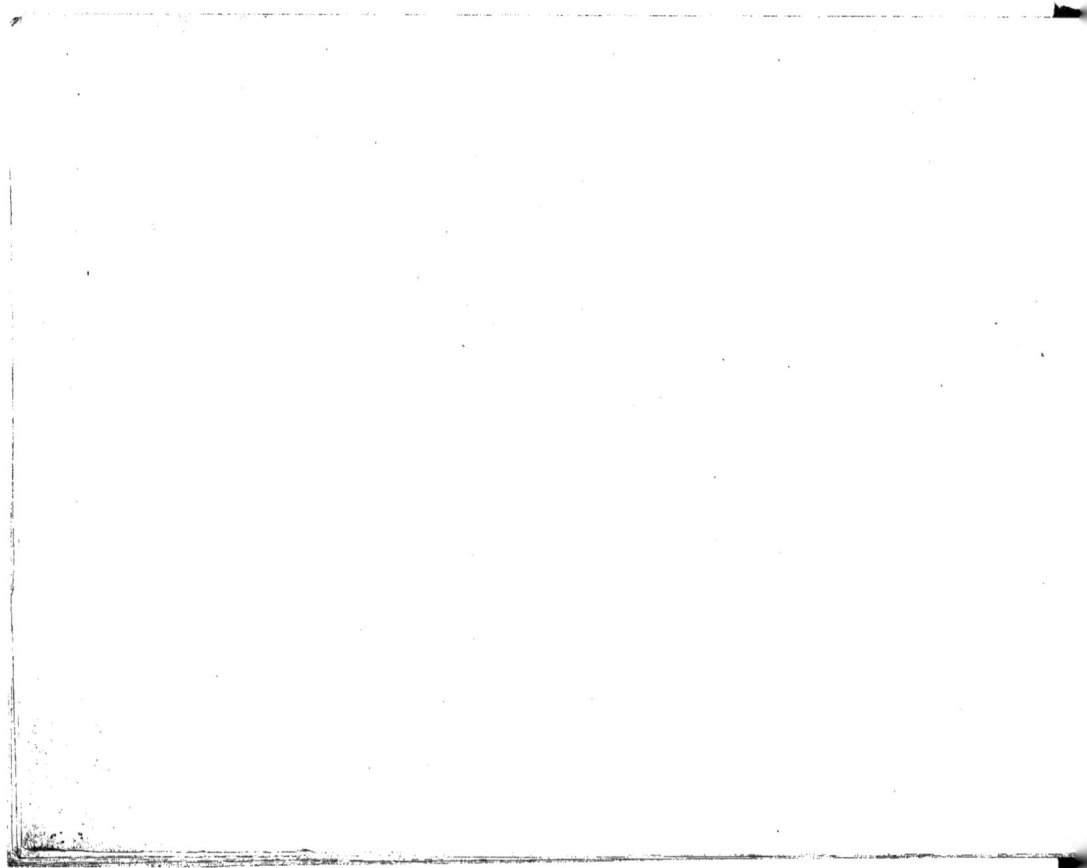

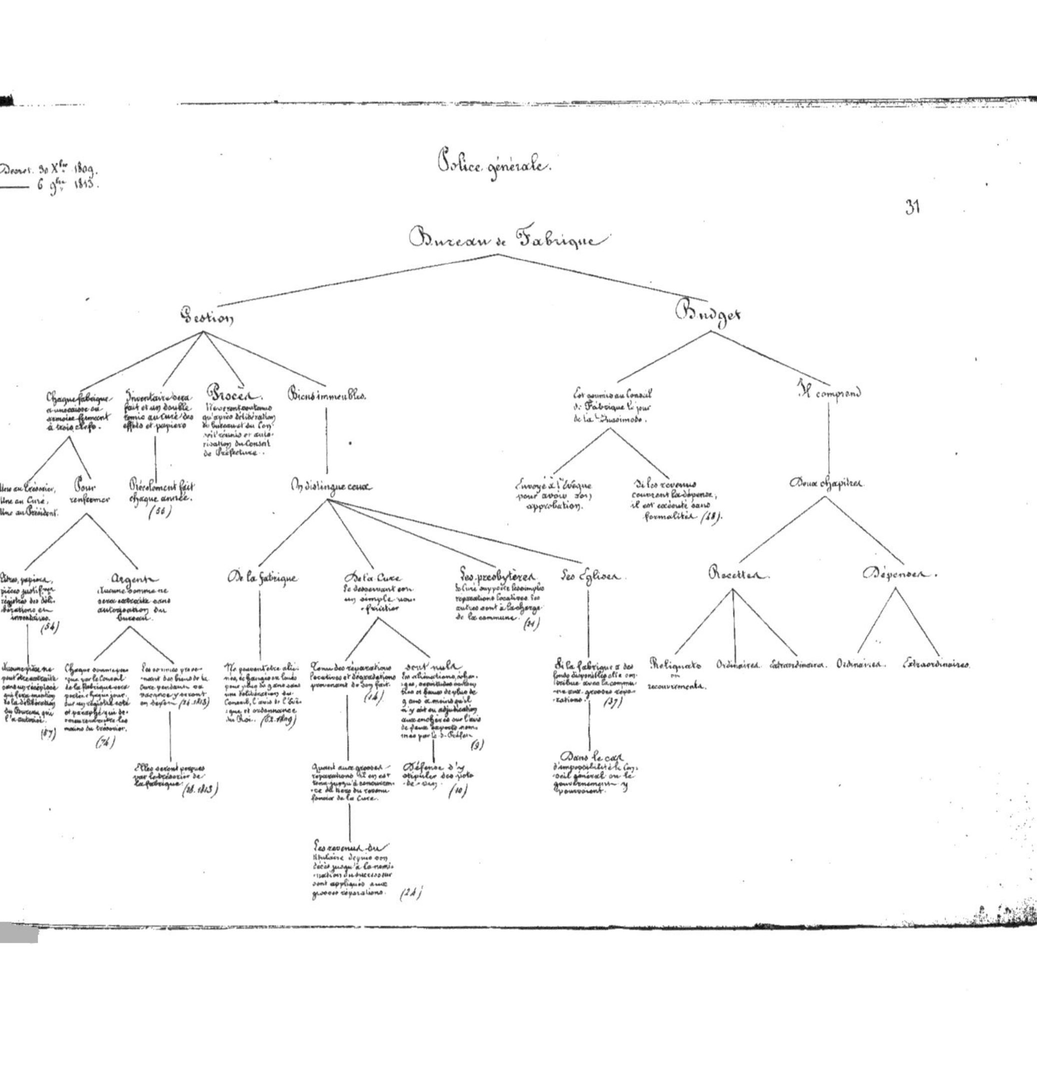
Décret. 30 Xbre 1809.
—— 6 9bre 1813.
Police générale.
31
Bureau de Fabrique
Gestion
Budget
Chaque fabrique a une caisse ou armoire fermant à trois clefs.
Inventaire sera fait et un double remis au Curé des effets et papiers
Procès.
Biens immeubles.
Une au Trésorier, Une au Curé, Une au Président.
Pour renfermer
Récolement fait chaque année. (56)
On distingue ceux
Titres, papiers, pièces justificatives, registres des délibérations en inventaires. (54)
Argent
Aucune somme ne sera extraite sans autorisation du bureau.
De la fabrique
De la Cure
Le desservant est un simple usufruitier
Les presbytères
Les Eglises
Tenu des réparations locatives et dégradations provenant de son fait. (14)
sont nuls
Quant aux grosses réparations il en est tenu jusqu'à concurrence du tiers du revenu foncier de la Cure.
Défense d'y stipuler des pots-de-vin. (10)
Les revenus du titulaire depuis son décès jusqu'à la nomination du successeur sont appliqués aux grosses réparations. (24)
Dans le cas d'impossibilité le conseil général ou le gouvernement y pourvoient.
Est soumis au Conseil de Fabrique le jour de la Quasimodo.
Il comprend
Envoyé à l'Évêque pour avoir son approbation.
Si les revenus couvrent la dépense, il est exécuté sans formalités (48).
Deux chapitres
Recettes.
Dépenses.
Reliquats ou recouvrements.
Ordinaires.
Extraordinaires.
Ordinaires.
Extraordinaires.

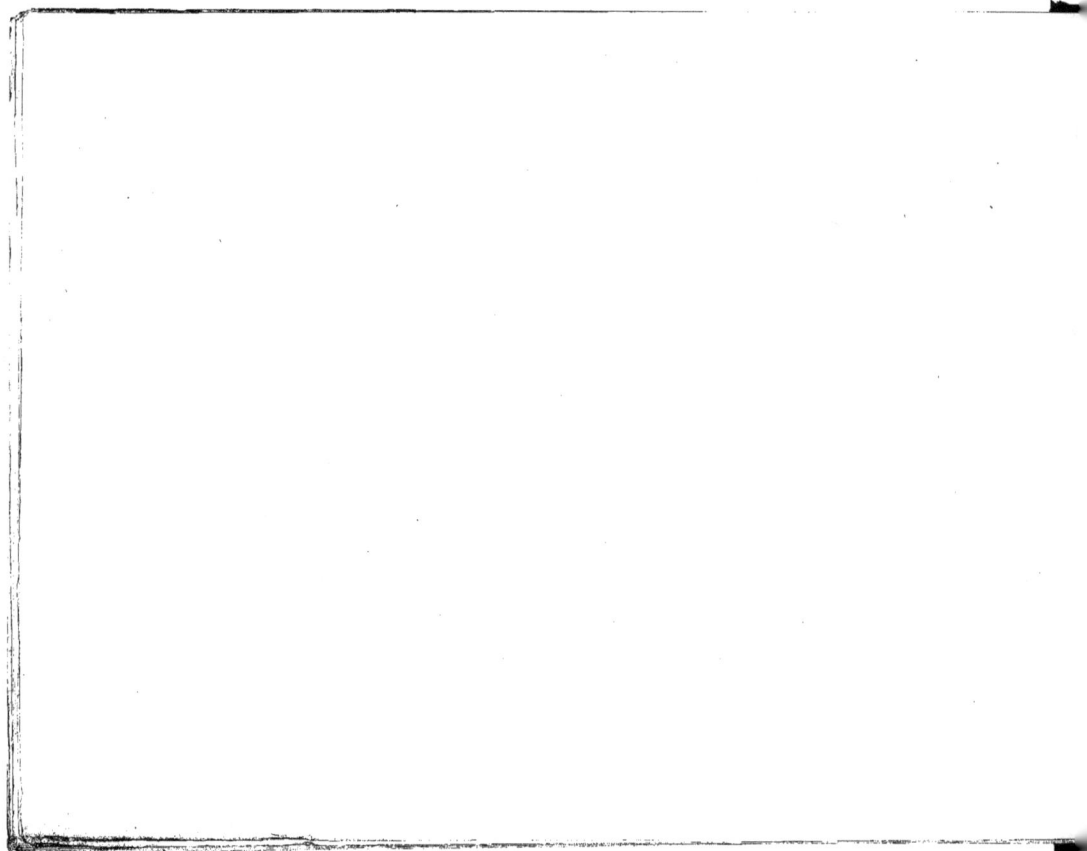

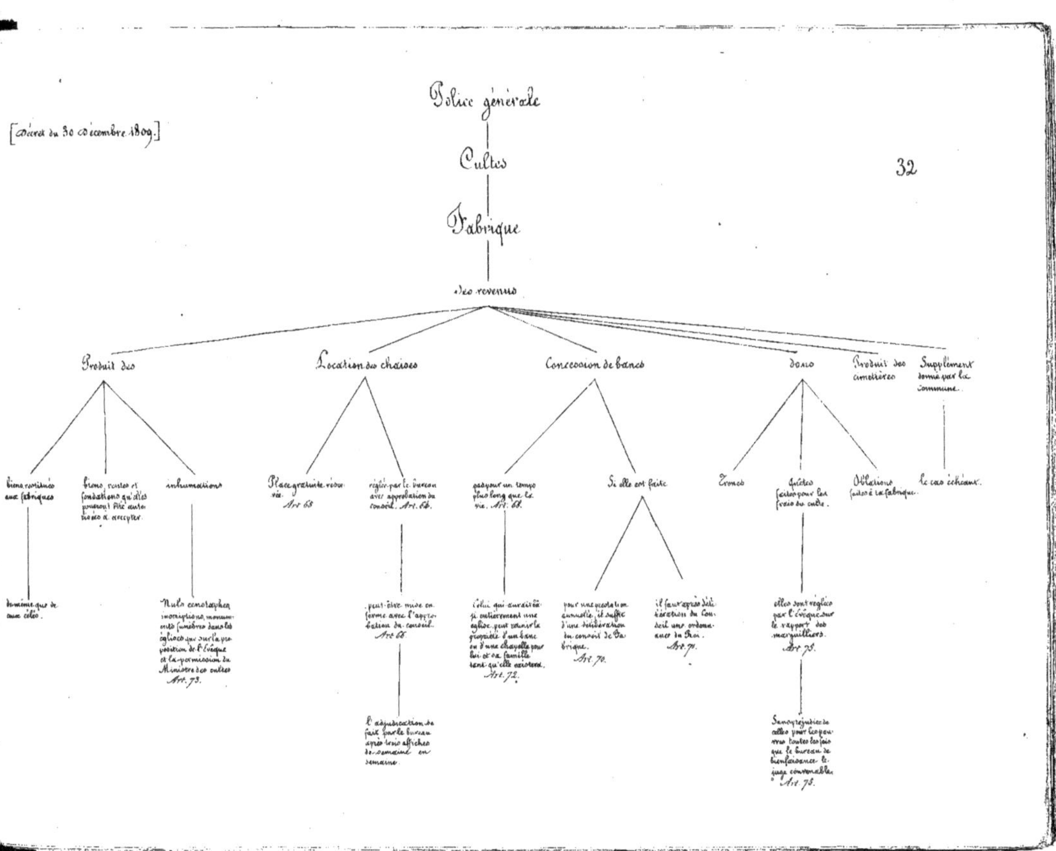
[Décret du 30 décembre 1809.]
Police générale
Cultes
Fabrique
32
des revenus
Produit des
Location des chaises
Concession de bancs
dons
Produit des cimetières
Supplément donné par la commune.
biens restitués aux fabriques
biens, rentes et fondations qu'elles pourront être autorisées à accepter.
inhumations
Place gratuite réservée.
Art 65
réglée par le bureau avec approbation du conseil. Art. 64.
pas pour un temps plus long que la vie. Art. 68.
Si elle est faite
Troncs
Quêtes faites pour les frais du culte.
Oblations faites à la fabrique.
le cas échéant.
de même que de ceux célés.
Nuls cénotaphes inscriptions, monuments funèbres dans les églises que sur la proposition de l'évêque et la permission du Ministre des cultes
Art. 73.
peut être mise en ferme avec l'approbation du conseil.
Art 66.
Celui qui aurait bâti entièrement une église, peut retenir la propriété d'un banc ou d'une chapelle pour lui et sa famille tant qu'elle existera.
Art. 72.
pour une prestation annuelle, il suffit d'une délibération du conseil de fabrique.
Art. 70.
il faut après délibération du conseil une ordonnance du Roi.
Art. 71.
elles sont réglées par l'évêque sur le rapport des marguilliers.
Art. 75.
l'adjudication se fait par le bureau après trois affiches de semaine en semaine.
Sans préjudice de celles pour les pauvres toutes les fois que le bureau de bienfaisance le juge convenable.
Art. 75.

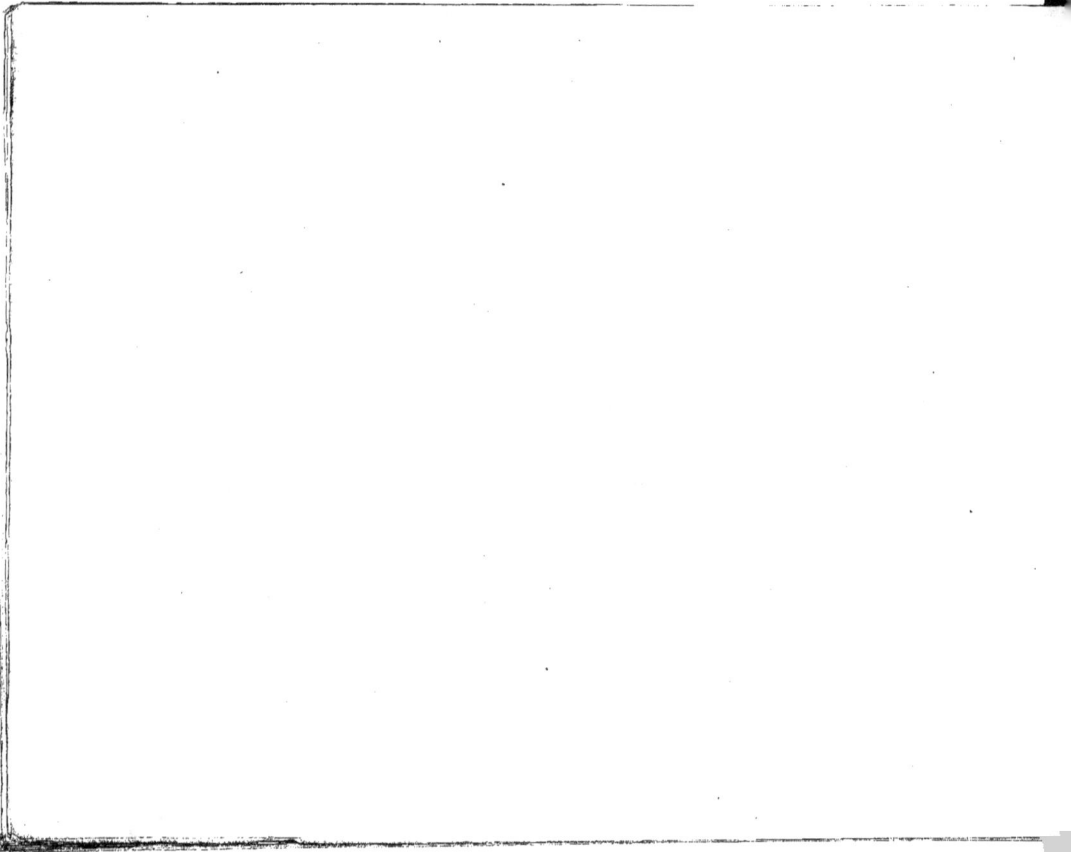

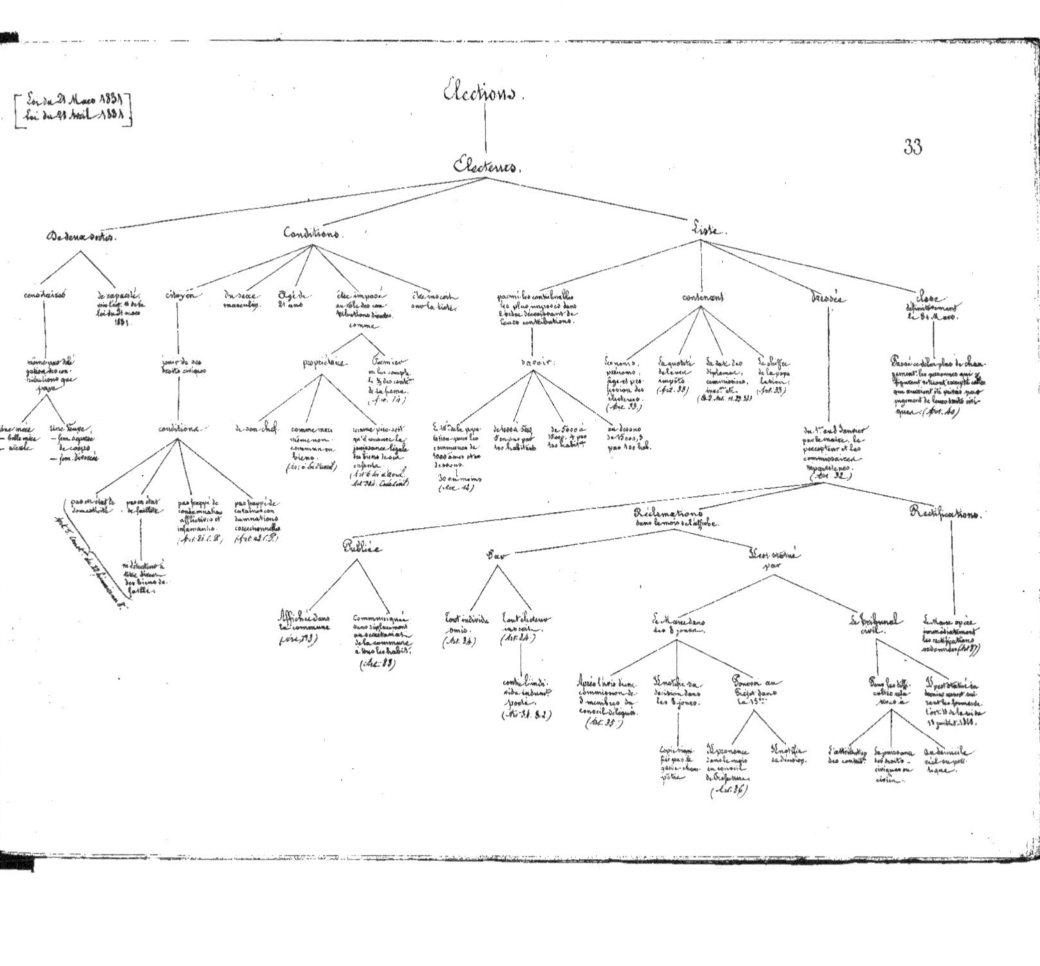

Loi du 21 Mars 1831
Loi du 23 Avril 1831
Elections.
Electeurs.
De deux sortes.
Conditions.
Liste.
citoyen
du sexe masculin.
Agé de 21 ans
conditions
savoir:
contenant
dressée
close
Réclamations
Rectifications.

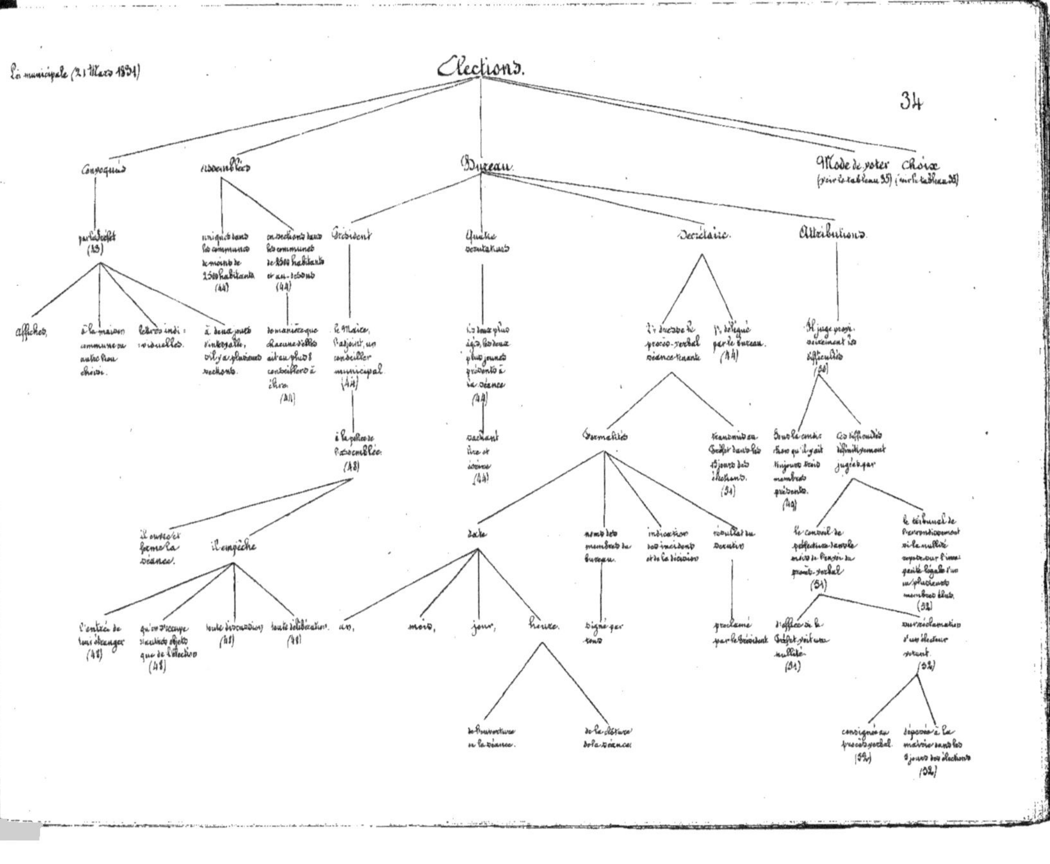

Loi municipale (21 Mars 1831)
Elections.
34
Convoqués
Assemblées
Bureau.
Mode de voter
(voir le tableau 35)
Choix
(voir le tableau 35)
par le Préfet
(13)
Affiches,
à la maison commune ou autre lieu choisi.
lettres indi-viduelles.
à deux jours d'intervalle, s'il y a plusieurs sections.
uniques dans les communes de moins de 2500 habitants
(44)
en sections dans les communes de 2500 habitants et au-dessus
(44)
de manière que chacune d'elles ait au plus 8 conseillers à élire.
(44)
Président
le Maire, l'adjoint, un conseiller municipal.
(44)
à la police de l'assemblée.
(48)
il ouvre et ferme la séance.
il empêche
l'entrée de tout étranger
(48)
qu'on s'occupe d'autres objets que de l'élection
(48)
toute discussion
(48)
toute délibération.
(48)
Quatre scrutateurs
les deux plus âgés, les deux plus jeunes présents à la séance
(44)
sachant lire et écrire
(44)
Secrétaire.
il dresse le procès-verbal séance tenante
il est désigné par le bureau.
(44)
Formalités
date
an,
mois,
jour,
heure.
de l'ouverture de la séance.
de la clôture de la séance.
noms des membres du bureau.
signé par tous
indication des incidents et de la décision
résultat du scrutin
proclamé par le Président.
transmis au Préfet dans les 15 jours des élections.
(51)
Attributions.
Il juge provisoirement les difficultés
(50)
sous la condition qu'il y ait toujours trois membres présents.
(49)
ces difficultés définitivement jugées par
le conseil de préfecture dans le mois de l'envoi du procès-verbal
(51)
d'office si le Préfet voit une nullité
(51)
sur réclamation d'un électeur votant.
(52)
consignée au procès-verbal.
(52)
déposée à la mairie dans les 5 jours des élections
(52)
le tribunal de l'arrondissement si la nullité repose sur l'incapacité légale d'un ou plusieurs membres élus.
(52)

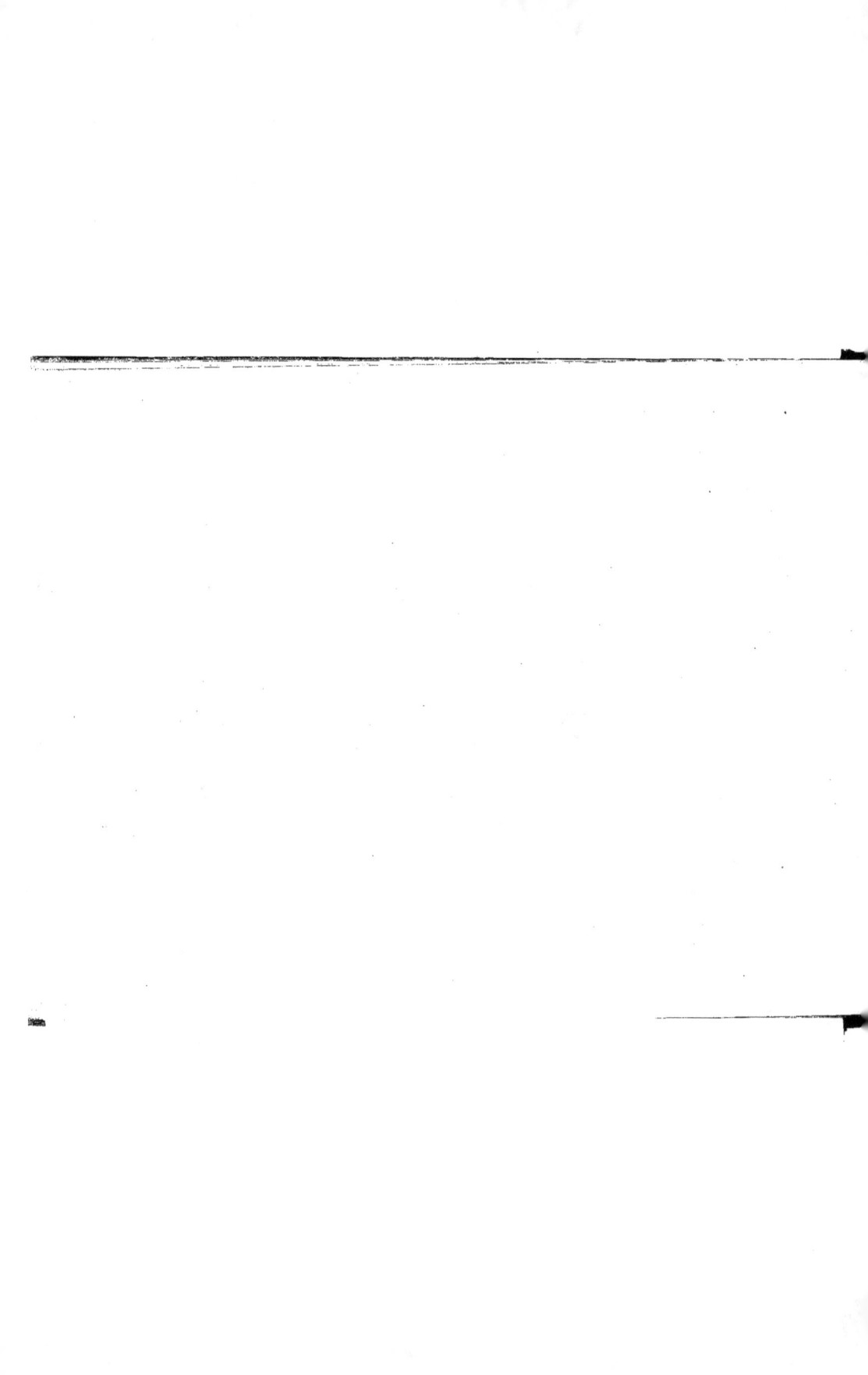

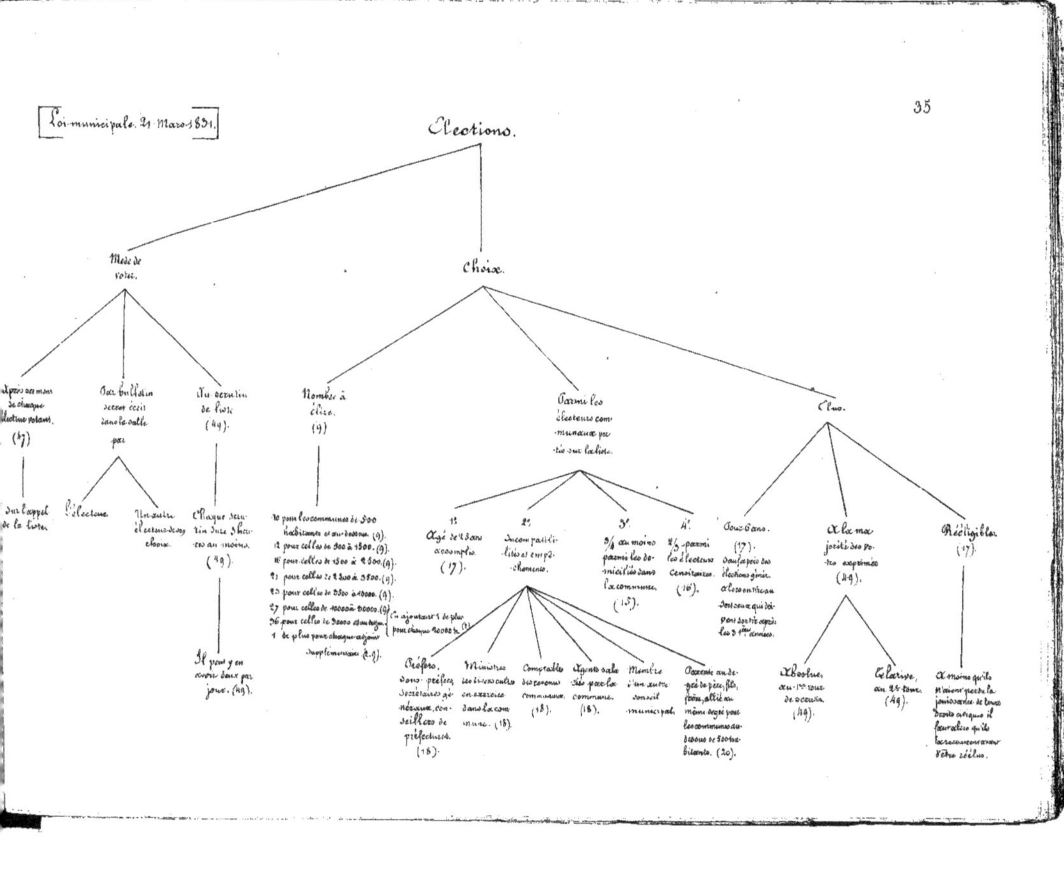
Loi municipale. 21 Mars 1831.
35
Elections.
Mode de voter.
Choix.
Après appel nominal de chaque électeur votant. (47)
Sur l'appel de la liste.
Par bulletin secret écrit dans la salle par
l'électeur
Un autre électeur de son choix.
Au scrutin de liste (44).
Chaque scrutin dure 3 heures au moins. (49).
Il peut y en avoir deux par jour. (49).
Nombre à élire. (9)
10 pour les communes de 500 habitants et au-dessous. (9).
12 pour celles de 500 à 1500. (9).
16 pour celles de 1500 à 2500. (9).
21 pour celles de 2500 à 3500. (9).
23 pour celles de 3500 à 10000. (9).
27 pour celles de 10000 à 30000. (9)
36 pour celles de 30000 et au-dessus.
1 de plus pour chaque adjoint supplémentaire (2.9).
En ajoutant 1 de plus pour chaque 20000 h. (9)
Parmi les électeurs communaux portés sur la liste.
1° Agé de 25 ans accomplis. (17).
2° Incompatibilités et empêchements.
3° 3/4 au moins parmi les domiciliés dans la commune. (15).
4° 2/3 parmi les électeurs censitaires. (16).
Préfets, sous-préfets, secrétaires généraux, conseillers de préfecture. (18).
Ministres des divers cultes en exercice dans la commune. (18)
Comptables des revenus communaux. (18).
Agents salariés par la commune. (18).
Membre d'un autre conseil municipal.
Parents au degré de père, fils, frère, allié au même degré pour les communes au-dessus de 500 habitants. (20).
Elus.
Pour 6 ans. (17).
Sauf après les élections générales, alors on tire au sort ceux qui doivent sortir après les 3 1res années.
A la majorité des votes exprimés (49).
Absolue, au 1er tour de scrutin (49).
Relative, au 2e tour. (49).
Rééligibles. (17).
A moins qu'ils n'aient perdu la jouissance de leurs droits civiques il faut alors qu'ils les recouvrent avant d'être réélus.

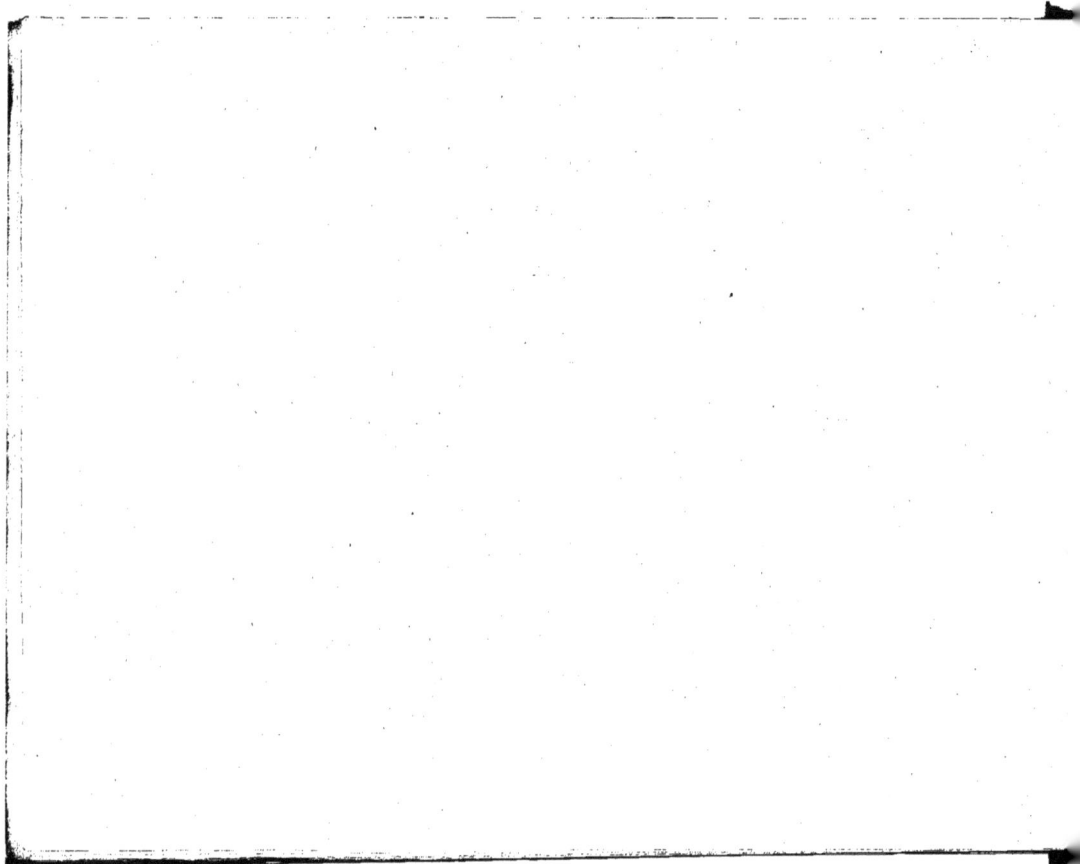

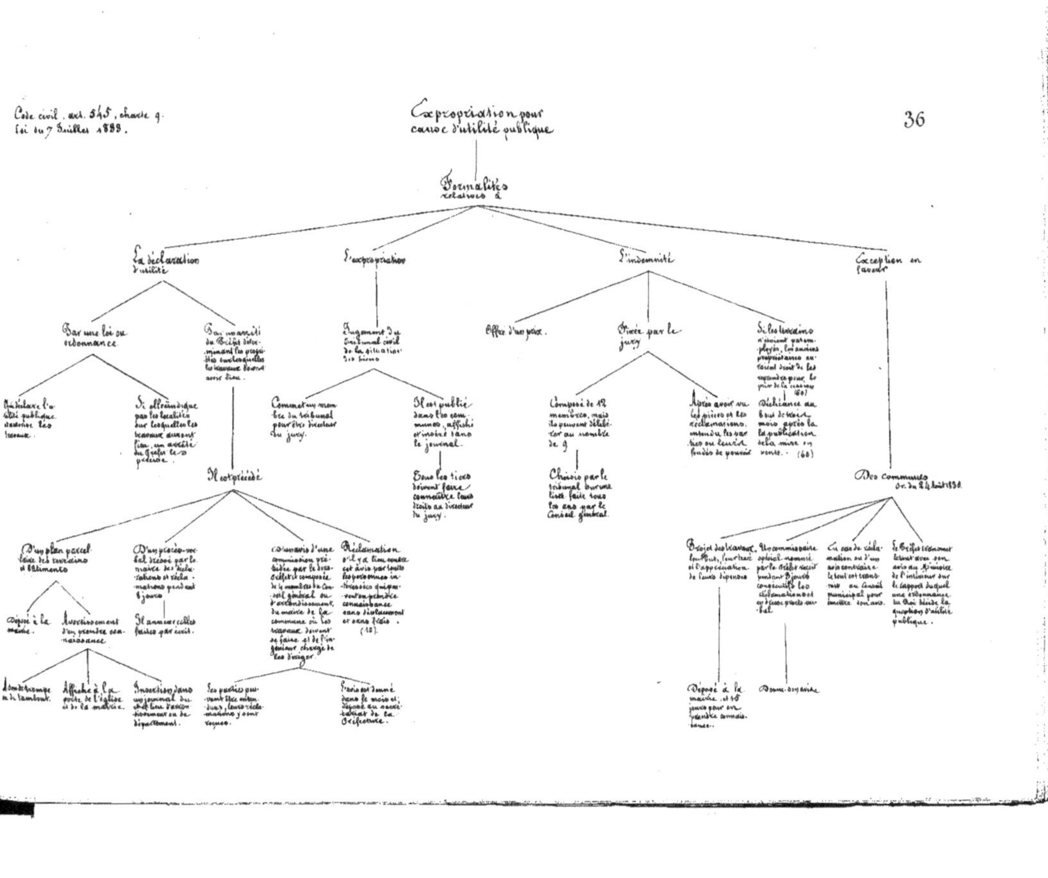
Code civil. art. 545, charte 9.
Loi du 7 Juillet 1833.
Expropriation pour cause d'utilité publique
36
Formalités relatives à
La déclaration d'utilité
L'expropriation
L'indemnité
Exception en faveur
Par une loi ou ordonnance.
Jugement du tribunal civil de la situation des biens
Offre d'un prix.
Fixée par le jury
Commet un membre du tribunal pour être directeur du jury.
Il est publié dans les communes, affiché et inséré dans le journal.
Composé de 12 membres, mais ils peuvent délibérer au nombre de 9
Après avoir vu les pièces et les réclamations, entendu les parties ou leurs fondés de pouvoir
Déchéance au bout de trois mois après la publication de la mise en vente. (60)
Choisis par le tribunal sur une liste faite tous les ans par le Conseil général.
Il est précédé
Des communes
D'un plan parcellaire des terrains et bâtiments
D'un procès-verbal dressé par le maire des déclarations et réclamations pendant 8 jours
Réclamation
Dépôt à la mairie.
Avertissement d'en prendre connaissance
Il annexe celles faites par écrit.
Son de trompe ou de tambour.
Affiche à la porte de l'église et de la mairie.
Insertion dans un journal du chef-lieu d'arrondissement ou de département.
Projet des travaux, leur but, leur tracé et l'appréciation de leurs dépenses
Un commissaire spécial nommé par le Préfet reçoit pendant 8 jours consécutifs les réclamations et en dresse procès-verbal
En cas de réclamation ou d'un avis contraire le tout est transmis au Conseil municipal pour émettre son avis.
Le Préfet transmet le tout avec son avis au Ministre de l'intérieur sur le rapport duquel une ordonnance du Roi décide la question d'utilité publique.
Déposé à la mairie, et 15 jours pour en prendre connaissance.
Donne son avis

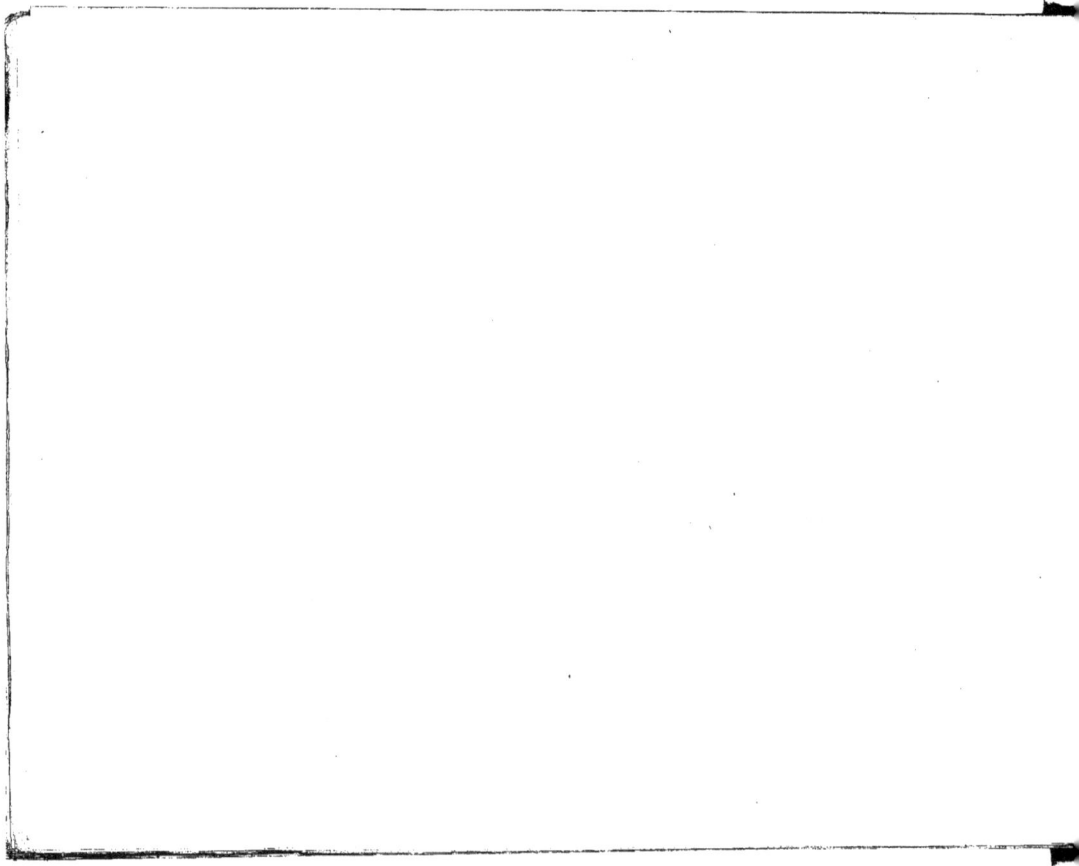

Force publique.

C'est la réunion des forces individuelles pour maintenir les droits de tous et assurer l'exécution de la volonté générale (Art. 1er loi du 15 Juin 1791.)

Elle comprend :

- Certains officiers publics.
  - Agents du gouvernement.
  - Officiers ministériels.
- La force armée.
  - Son but.
    - Défendre la constitution, assurer l'exécution des lois et le maintien de l'ordre à l'intérieur.
  - Son caractère.
    - Essentiellement obéissante.
      - Requise par :
        - L'autorité civile (Art. 17. Loi du 19 Juillet 1791)
        - Les officiers de police judiciaire (Art. 25. Code d'instruction crimin.)
          - Tout commandant qui refusera sera condamné à l'emprisonnement d'1 mois à 3 mois.
    - Nul corps armé n'a le droit de délibérer.
  - Son action directe.
    - Quand il y a actualité de crime ou de délit.
  - Sa composition.
    - Elle comprend :
      - La garde nationale instituée pour défendre la royauté constitutionnelle, la charte et les droits qu'elle consacre ; pour maintenir l'obéissance aux lois, conserver ou rétablir l'ordre et la paix publique. (Art. 1er Loi du 22 mars 1831.
        - Placée sous l'autorité des Maires, Préfets et Ministre de l'Intérieur.
      - La gendarmerie (Ord. du 29 octobre 1820.)
      - L'armée.

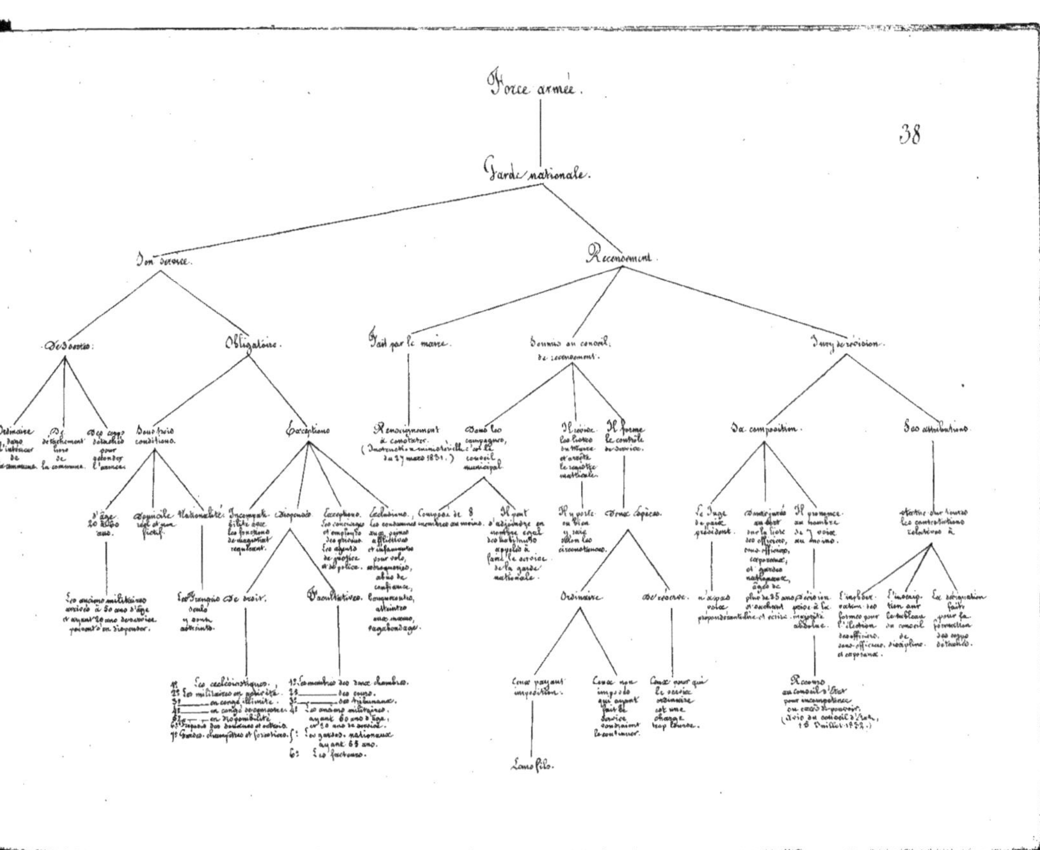
Force armée.
Garde nationale.
Son service.
De service.
Ordinaire dans l'intérieur de la commune.
De détachement hors de la commune.
Des corps détachés pour seconder l'armée.
Obligatoire.
Sous trois conditions.
D'âge 20 à 60 ans.
Domicile réel et non fictif.
Nationalité.
Les anciens militaires arrivés à 50 ans d'âge et ayant 20 ans de service peuvent s'en dispenser.
Les Français seuls y sont astreints.
Exceptions.
Incompatibilité avec les fonctions de magistrat requérant.
Dispenses.
De droit.
1° Les ecclésiastiques.
2° Les militaires en activité.
3° — en congé illimité.
4° — en congé de semestre.
5° — en disponibilité.
6° Préposés des douanes et octrois.
7° Gardes champêtres et forestiers.
Facultatives.
1° Les membres des deux chambres.
2° — des cours.
3° — des tribunaux.
4° Les anciens militaires ayant 60 ans d'âge, et 20 ans de service.
5° Les gardes nationaux ayant 55 ans.
6° Les facteurs.
Exceptions. Les concierges et employés des prisons. Les agents de justice et de police.
Exclusions. Les condamnés aux peines afflictives et infamantes pour vols, escroqueries, abus de confiance, banqueroutes, atteintes aux mœurs, vagabondage.
Recensement.
Fait par le maire.
Renseignements à constater. (Instruction ministérielle du 27 mars 1831.)
Soumis au conseil de recensement.
Dans les campagnes, c'est le conseil municipal.
Composé de 8 membres au moins.
Il peut s'adjoindre en nombre égal des habitants appelés à faire le service de la garde nationale.
Il révise les listes du maire et arrête le registre matricule.
Il y porte ou bien y raie selon les circonstances.
Il forme le contrôle du service.
Deux espèces.
Ordinaire.
De réserve.
Ceux payant imposition.
Leurs fils.
Ceux non imposés qui ayant fait le service voudraient le continuer.
Ceux pour qui le service ordinaire est une charge trop lourde.
Jury de révision.
Sa composition.
Le Juge de paix président.
N'a pas voix prépondérante.
Douze jurés au sort sur la liste des officiers, sous-officiers, caporaux, et gardes nationaux, âgés de plus de 25 ans et sachant lire et écrire.
Il prononce au nombre de 7 voix au moins.
Décision prise à la majorité absolue.
Recours au conseil d'État pour incompétence ou excès de pouvoir. (Avis du conseil d'État, 15 juillet 1832.)
Ses attributions.
Statue sur toutes les contestations relatives à
L'inobservation des formes pour l'élection des officiers, sous-officiers et caporaux.
L'inscription sur le tableau du conseil de discipline.
La désignation faite pour la formation des corps détachés.

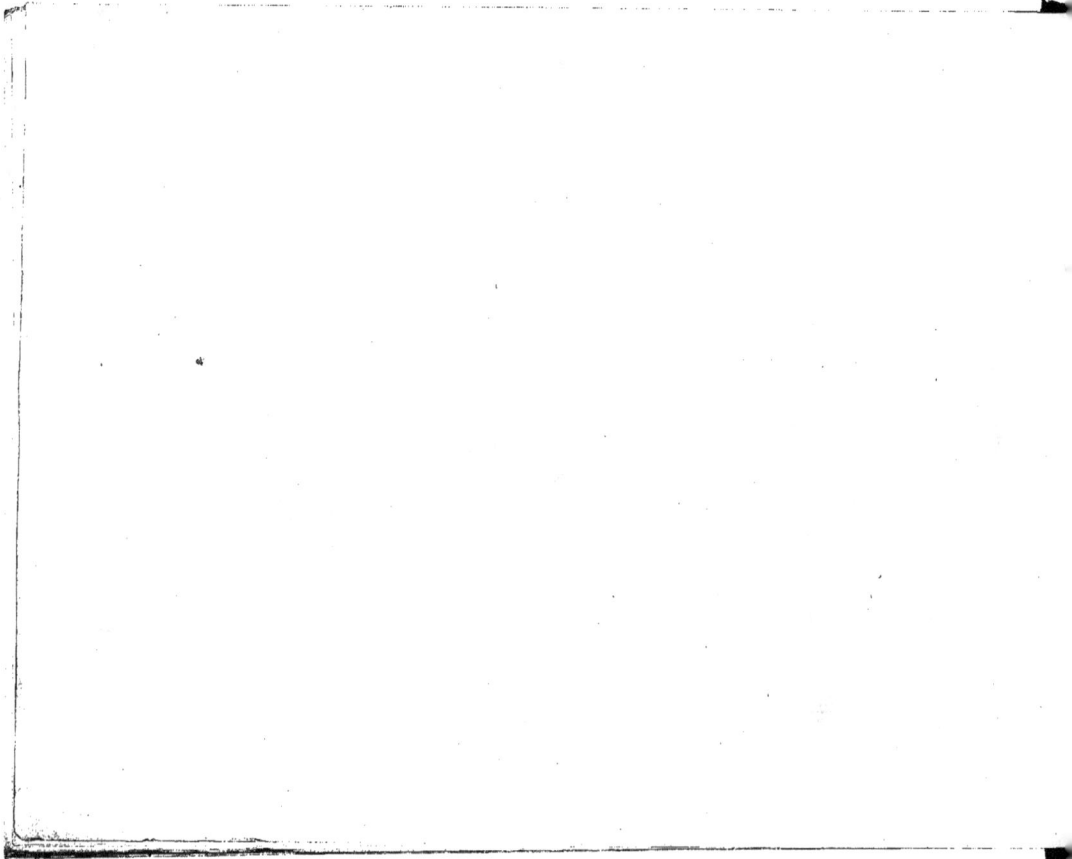

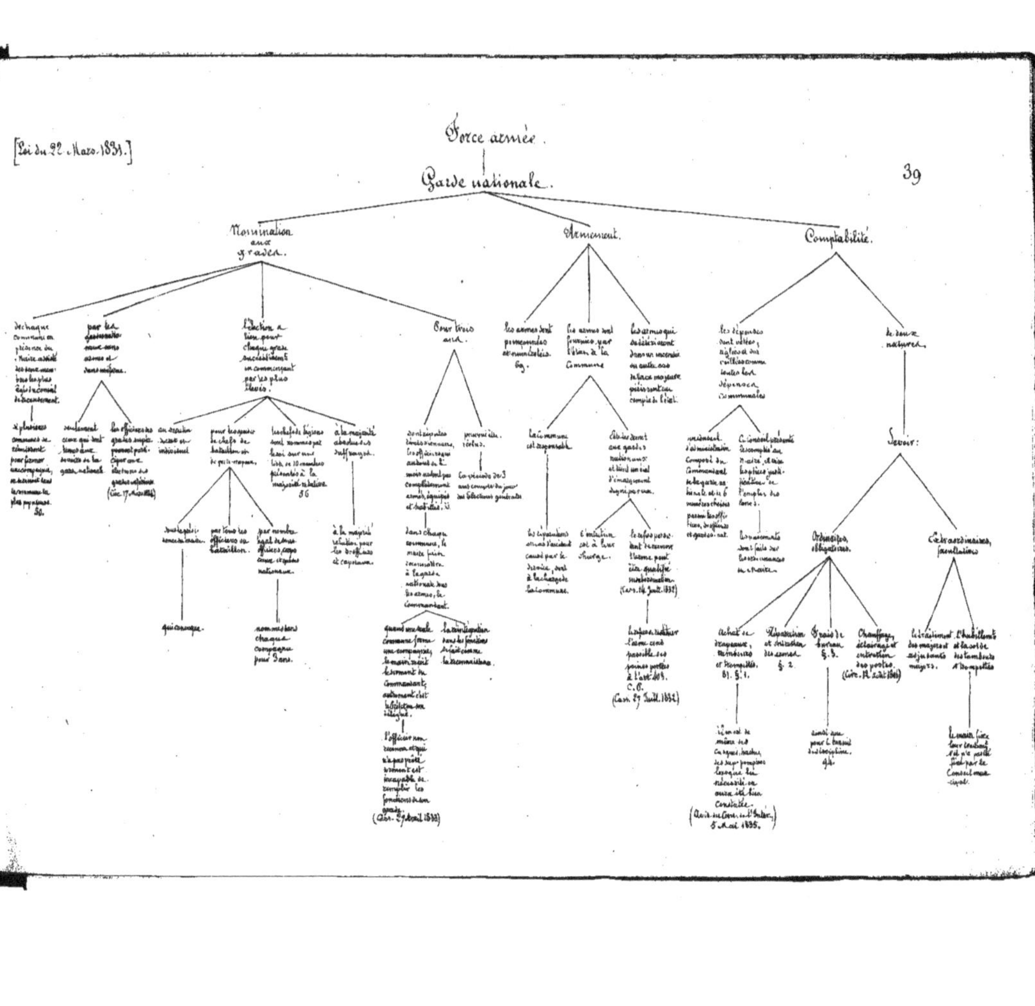
[Loi du 22 Mars 1831.]
Force armée.
Garde nationale.
Nomination aux grades.
Armement.
Comptabilité.
Pour trois ans.
les armes sont fournies par l'État à la Commune
La Commune est responsable.
de deux natures.
Savoir:
Ordinaires, obligatoires.
Extraordinaires, facultatives.
Achat de drapeaux, tambours et trompettes. 81. §. 1.
Réparation et entretien des armes §. 2
Frais de bureau §. 3.
Chauffage, éclairage et entretien des postes. (Circ. 12 Août 1846)
le traitement des majors et adjudants majors.
L'habillement et la solde des tambours et trompettes
(Cass. 14 Juill. 1832)
C. P.
(Cass. 27 Juill. 1832)
(Avis du Cons. d'État, 5 Mai 1835.)

Loi du 21 Mars 1832.

Force armée.

Recrutement.

- Recensement
  - Les tableaux en sont dressés dans les premiers jours de Janvier par les maires de chaque commune.
    - Ils comprennent les jeunes gens même ceux mariés qui ont
      - atteint leur 20e année au 1er Janvier. Art. 5.
      - Leur domicile légal dans le canton. Art. 5.
        - Sont émancipés, engagés, établis au dehors, expatriés, détenus ou absents mais dont l'existence est notoire, si leurs père mère ou tuteurs ont leur domicile dans le canton. Art. 6
          - Les orphelins de père et de mère qui n'auraient pas de tuteur à la commune où ils sont nés
            - à moins qu'ils ne justifient qu'ils sont portés à la commune de leur résidence
          - Les orphelins de père au domicile de la mère alors même que le tuteur de l'enfant est domicilié ailleurs.
          - L'enfant des hospices dans la commune de l'hospice.
        - dans le canton du domicile paternel s'ils ne sont inscrits dans la commune de leur résidence. Art. 6.
        - exception pour ceux
          - dont les père et mère ont leur domicile légal dans les colonies.
          - expatriés dont les père et mère sont naturalisés en pays étranger.
          - nés de parents étrangers
            - même d'une mère française si elle est mariée à un étranger.
    - Obligation pour les parents ou tuteurs de faire inscrire les jeunes gens.
    - Les jeunes gens sont inscrits d'office par le maire
      - Ceux omis aux tirages précédents à moins qu'ils aient plus de 30 ans
      - Ceux dont le sexe serait mal indiqué
      - A cet effet les maires sont autorisés à consulter tous registres et actes publics et au besoin la notoriété publique.
  - La liste.
    - Par ordre de lettre alphabétique.
    - elle comprend
      - d'abord ceux omis ensuite ceux de l'année.
      - les renseignements nécessaires.
        - noms, prénoms date et lieu de naissance des jeunes gens
        - profession des jeunes gens et de leurs père et mère.
        - indication de la résidence du père
        - mention des réclamations.
    - elle est faite en double expédition
      - l'une conservée par le maire
        - copie en est publiée
          - à deux dimanches d'intervalle devant la porte de la mairie
          - il est dressé acte de ces formalités
            - L'affiche ne peut être remplacée par un exemplaire déposé à la mairie.
            - il est dressé acte de ces formalités.
              - Le maire doit tenir note des mutations qui surviennent depuis la publication et en prévenir immédiatement le Sous-Préfet
      - L'autre est envoyée au sous préfet.
        - examen en est fait par celui-ci, ou par un conseiller de préfecture ou un membre du conseil d'arrondissement.
          - Au chef-lieu de canton en présence de tous les maires.
            - ils peuvent être remplacés par leurs adjoints
            - Ils sont porteurs des deux tableaux de recensement de la commune
          - En cas de réclamation il y est statué par le S. préfet après avoir pris l'avis des maires.
            - le tableau est arrêté définitivement.
              - immédiatement après il est procédé au tirage.
- Tirage. Tableau 41.
- Conseil de revision. Tableau 42
- Ordre de route. Tableau 43.
- Engagements. Tableau 44.
- Désertion. Tableau 45.
- Logements militaires. Tableau 46.

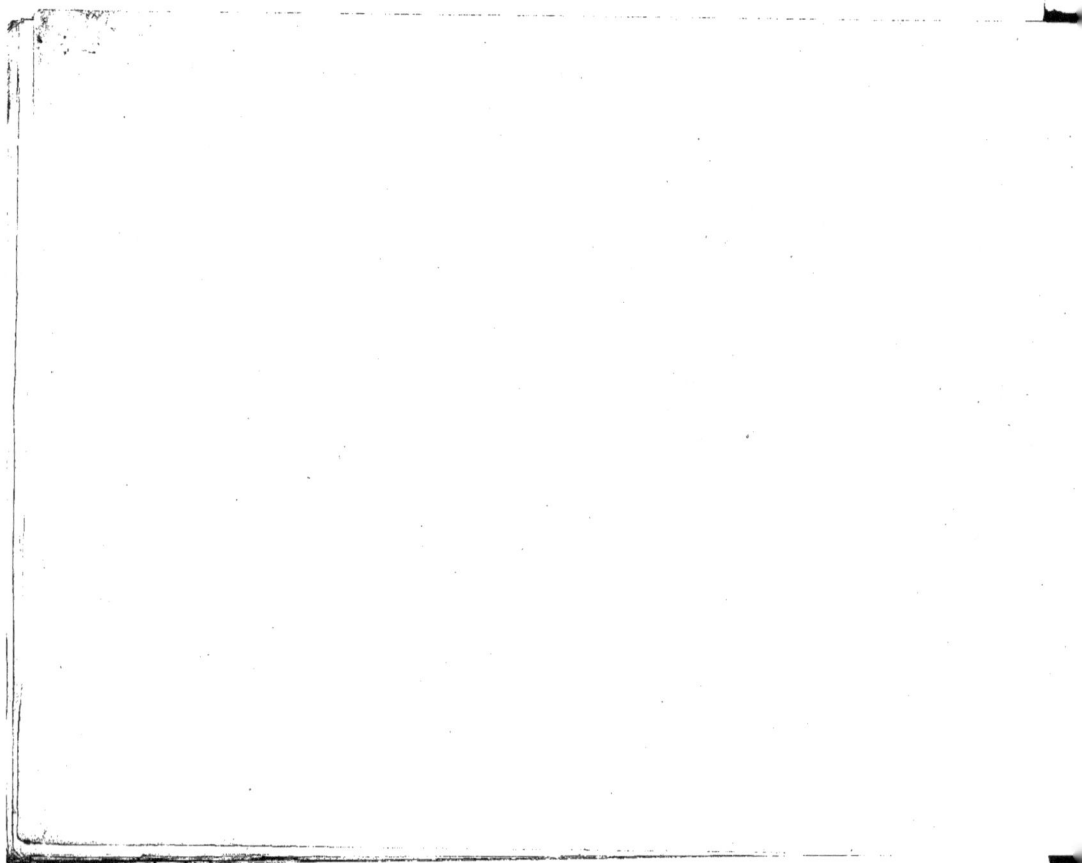

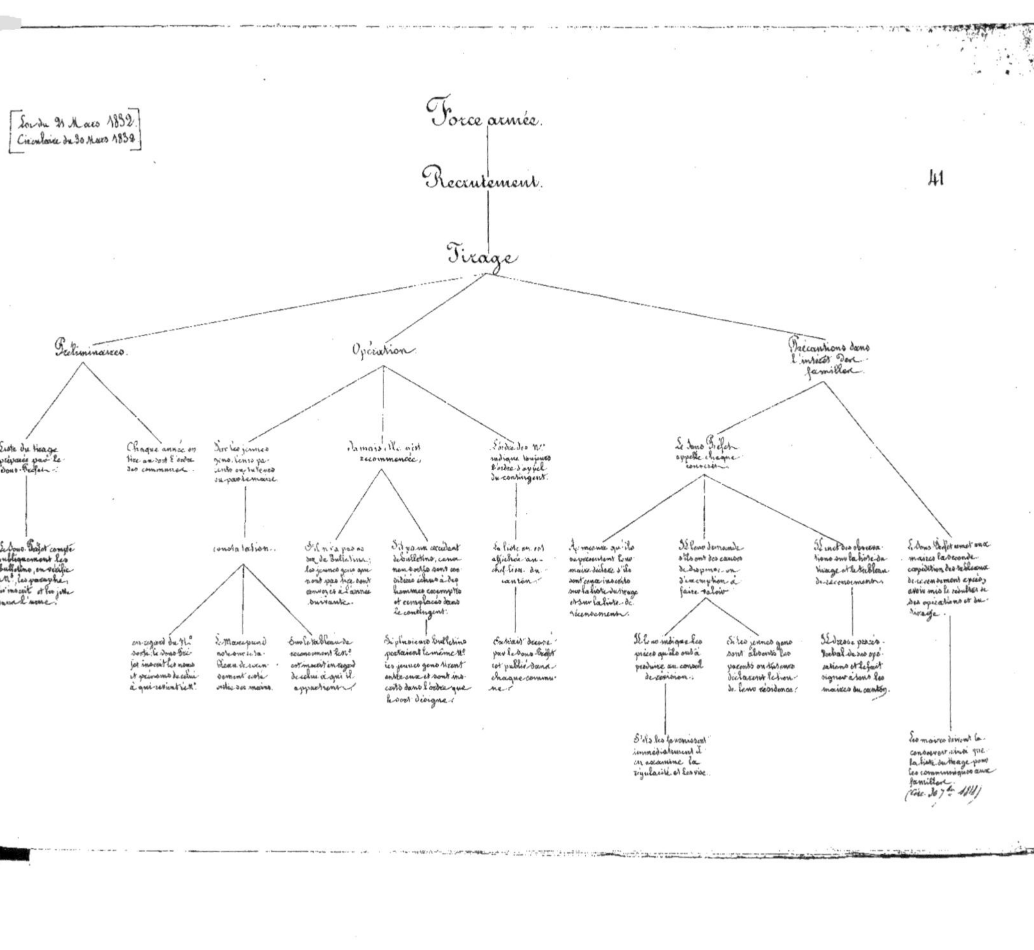
Loi du 21 Mars 1832.
Circulaire du 30 Mars 1832.
Force armée.
Recrutement.
Tirage
Préliminaires.
Liste du tirage préparée par le Sous-Préfet.
Chaque année on tire au sort l'ordre des communes.
Le Sous-Préfet compte publiquement les bulletins, en vérifie le N°, les paraphe, les inscrit et les jette dans l'urne.
Opération
Par les jeunes gens, leurs parents ou tuteurs ou par le maire.
constatation.
en regard du N° sorti le Sous-Préfet inscrit les noms et prénoms de celui à qui revient le N°.
Le Maire prend note sur le tableau de recensement visé entre ses mains.
Sur le tableau de recensement le N° est inscrit en regard de celui à qui il appartient.
Jamais elle n'est recommencée.
S'il n'y a pas assez de bulletins, les jeunes gens qui n'ont pas tiré sont renvoyés à l'année suivante.
S'il y a un excédant de bulletins, ceux non sortis sont considérés échus à des hommes exemptés et remplacés dans le contingent.
Si plusieurs bulletins portaient le même N° les jeunes gens tirent entre eux et sont inscrits dans l'ordre que le sort désigne.
L'ordre des N° indique toujours l'ordre d'appel du contingent.
La liste en est affichée au chef-lieu du canton.
Extrait dressé par le Sous-Préfet est publié dans chaque commune.
Précautions dans l'intérêt des familles.
Le Sous-Préfet appelle chaque conscrit.
À mesure qu'ils se présentent leur maire déclare s'ils sont ceux inscrits sur la liste du tirage et sur la liste de recensement.
Il leur demande s'ils ont des causes de dispense ou d'exemption à faire valoir.
Il leur indique les pièces qu'ils ont à produire au conseil de révision.
S'ils les fournissent immédiatement il en examine la régularité et les vise.
Si les jeunes gens sont absents les parents ou tuteurs déclarent le lieu de leur résidence.
Il reçoit des observations sur la liste du tirage et le tableau de recensement.
Il dresse procès-verbal de ses opérations et le fait signer à tous les maires du canton.
Le Sous-Préfet remet aux maires la seconde expédition des tableaux de recensement après avoir mis le résultat des opérations et du tirage.
Les maires doivent la conserver ainsi que la liste du tirage pour les communiquer aux familles.
(Circ. 30 7bre 1841)

Force armée.
Recrutement.
Conseil de Révision.

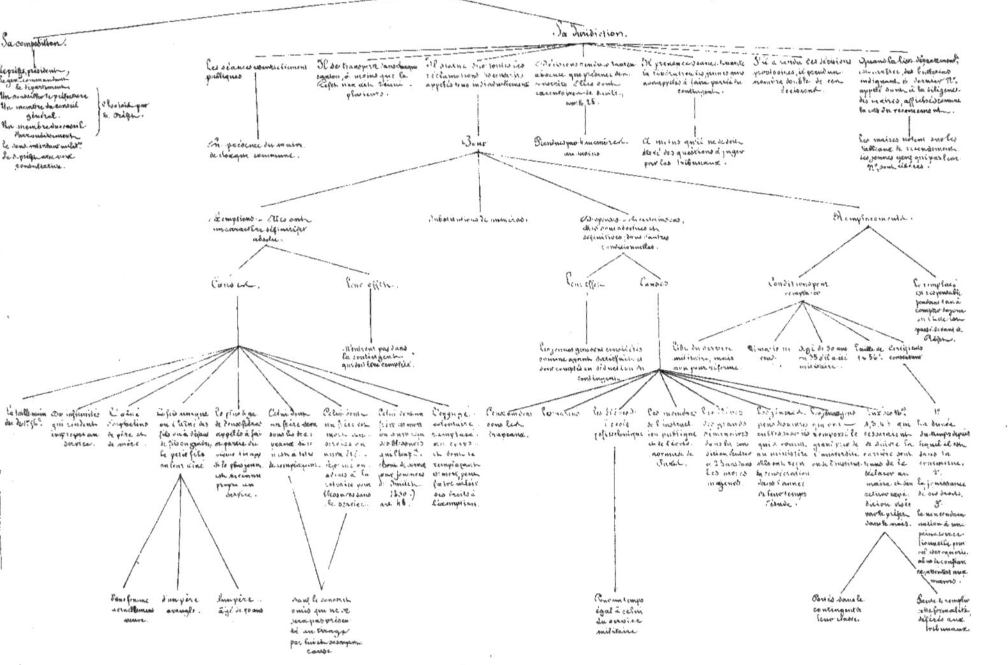

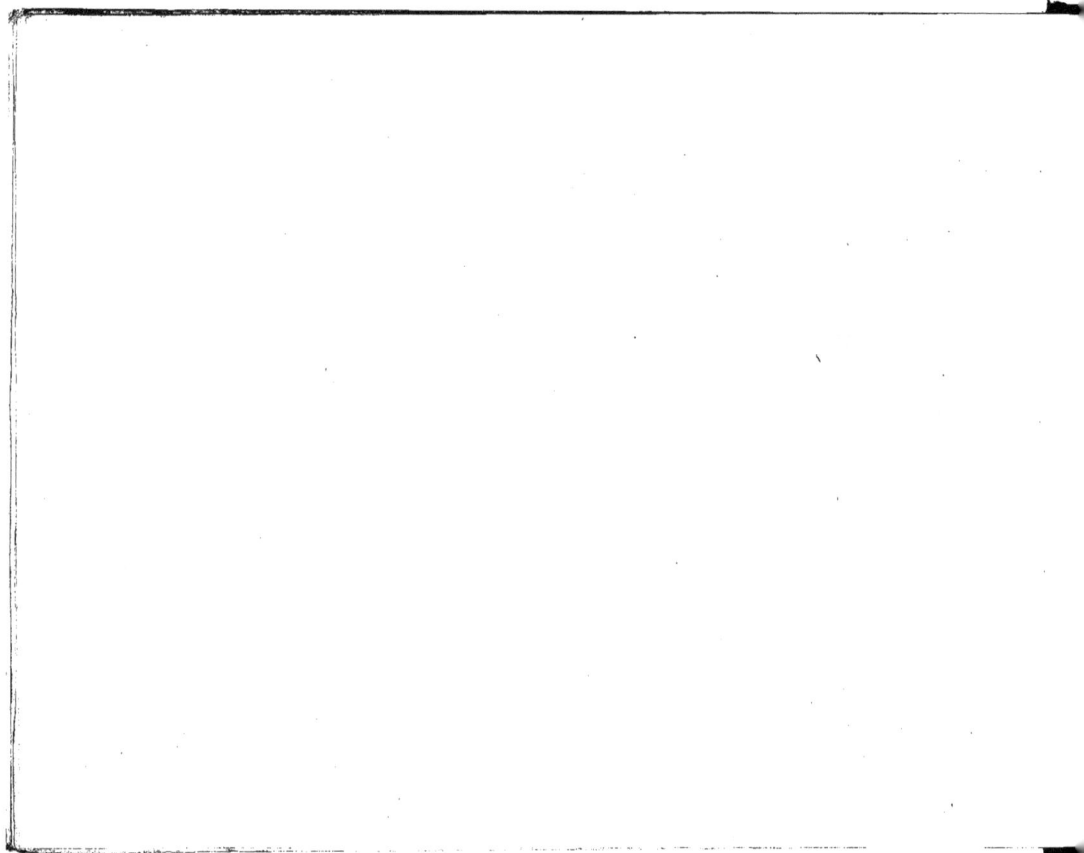

Loi du 21 Mars 1832.

Force armée.

Recrutement.

Ordres de route

- Vérifiés par le Préfet qui les transmet aux maires
  - de manière qu'ils parviennent trois jours au moins avant celui du départ.
- Les maires sont chargés de les notifier.
  - Si le conscrit est présent la notification lui est faite à lui-même
  - Si le conscrit est absent
    - De la commune sans avoir changé de domicile ni de résidence
      - A ses père et mère, tuteur, maître.
    - Domicilié dans une commune du département.
      - L'ordre est transmis par l'intermédiaire du Sous-Préfet au maire de la nouvelle résidence.
    - Domicilié dans un autre département.
      - Renvoi de l'ordre de route au Préfet avec l'indication exacte de la nouvelle résidence.
    - Domicilié hors du royaume ou sans domicile
      - Renvoyé au Préfet avec les indications nécessaires.
- Les maires tiennent un registre pour y inscrire les notifications, transmissions et renvois.
  - Ils en adressent un extrait individuel au Préfet.
- Suivis d'une revue de départ passée par le Général commandant le Département
  - Sursis de départ accordés par le Général
    - Aux jeunes gens absents mais malades.
      - Certificat du maire constatant l'impossibilité de se rendre au chef-lieu de département. Le maire indiquera l'époque présumée où le jeune soldat pourra se mettre en route.
    - 1° Aux jeunes gens présents à la revue qui auraient besoin de quelques jours pour se rétablir ;
2° Qui justifieraient de la nécessité de leur présence dans leurs foyers pour affaires de famille.
  - Congé d'un an
    - Aux jeunes soldats qui sont les soutiens indispensables de leur famille.
      - Sur certificat de la position de famille délivré par le maire.
- Le jeune appelé qui ne répond pas à l'appel est traduit devant les tribunaux militaires comme insoumis.

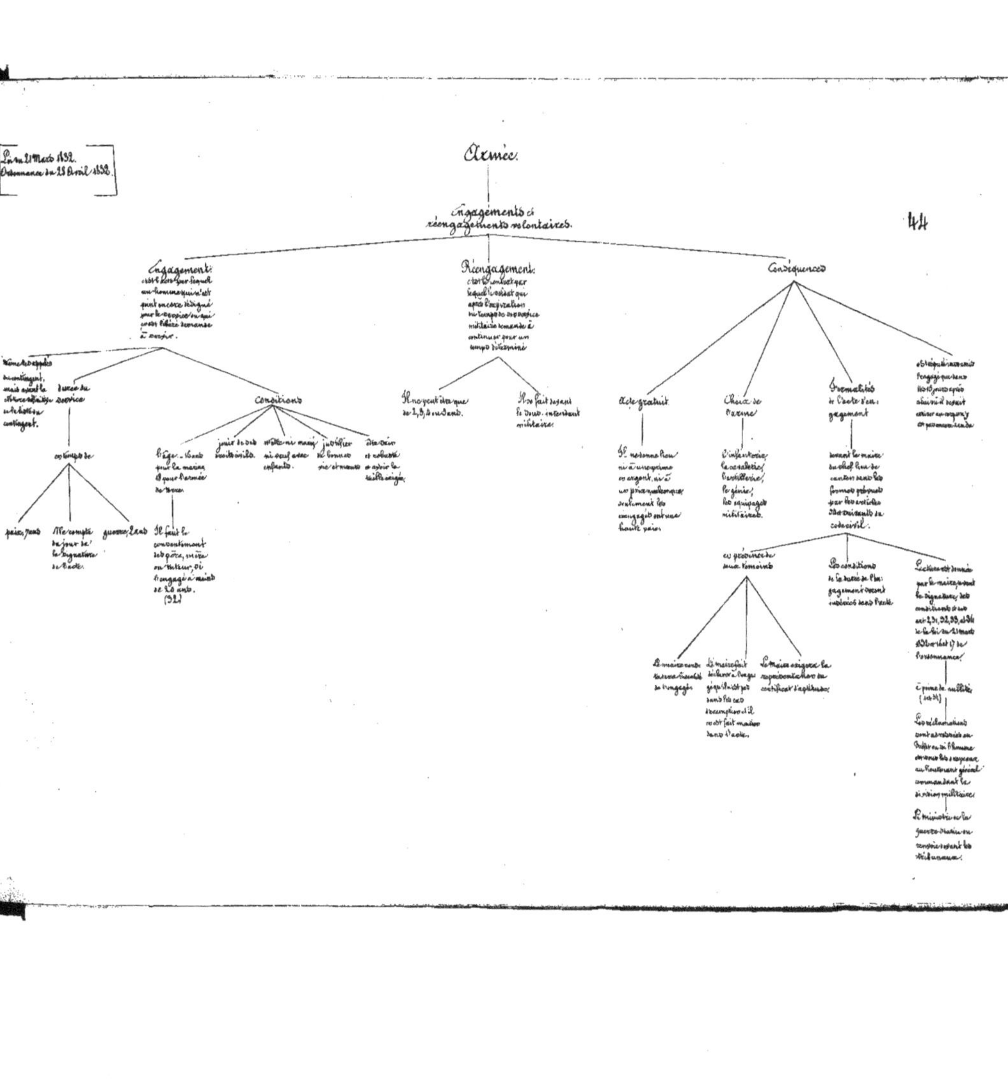

Loi du 21 Mars 1832.
Ordonnance du 28 Avril 1832.
Armée.
Engagements et réengagements volontaires.
Engagement:
Durée du service
en temps de
paix, 7 ans
Il se compte du jour de la signature de l'acte.
Conditions
jouir de ses droits civils.
n'être ni marié ni veuf avec enfants.
justifier de bonne vie et mœurs
être sain et robuste et avoir la taille exigée.
Il faut le consentement des père, mère ou tuteur, si l'engagé a moins de 20 ans. (32)
Réengagement:
Il ne peut être que de 2, 3, 4 ou 5 ans.
Il se fait devant le sous-intendant militaire.
Conséquences
Acte gratuit.
Choix de l'arme
l'infanterie, la cavalerie, l'artillerie, le génie, les équipages militaires.
Formalités de l'acte d'engagement
devant le maire du chef lieu de canton dans les formes prescrites par les articles 34 et suivants du code civil.
en présence de deux témoins
Les conditions de la durée de l'engagement seront insérées dans l'acte.

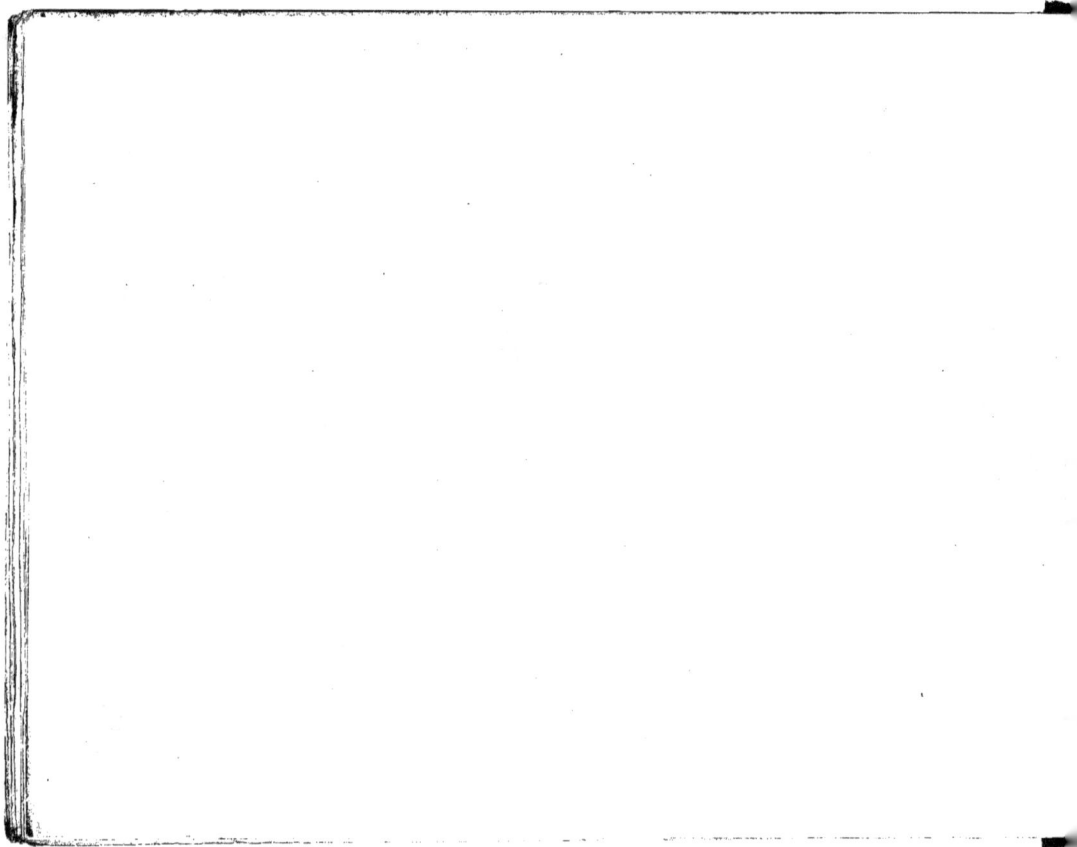

Loi pénale 19 Vendém.re an 12.
Loi du 21 mars 1832.
Ord. du 28 avril 1832.

Armée.

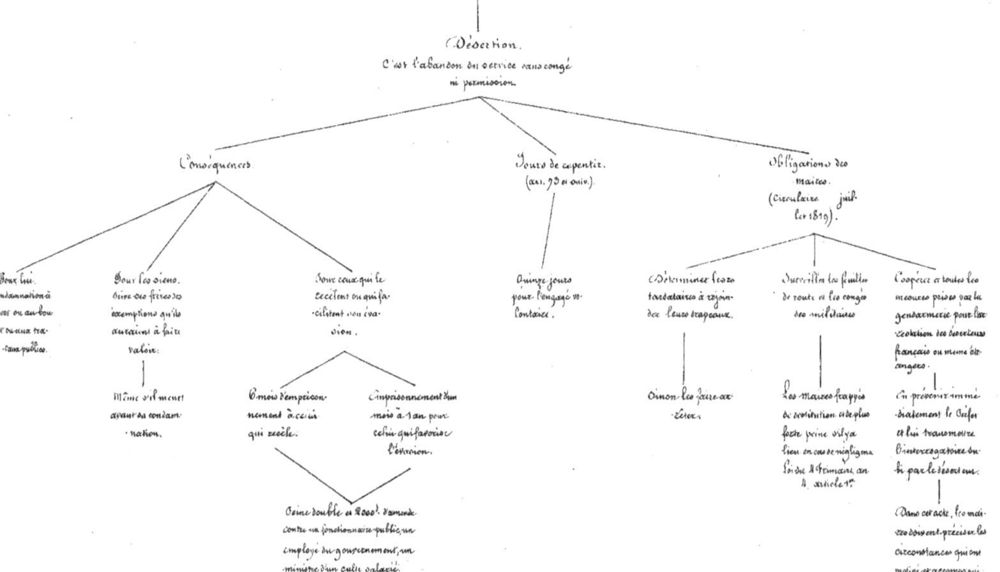

Désertion.
C'est l'abandon du service sans congé ni permission.
Conséquences.
Jours de repentir. (art. 73 et suiv.).
Obligations des maires. (Circulaire juillet 1819).
Pour lui. condamnation à mort ou au boulet ou aux travaux publics.
Pour les siens. Privés de ses frères des exemptions qu'ils auraient à faire valoir.
Même s'il meurt avant sa condamnation.
Pour ceux qui le recèlent ou qui facilitent son évasion.
6 mois d'emprisonnement à celui qui recèle.
Emprisonnement d'un mois à 1 an pour celui qui favorise l'évasion.
Peine double et 2000f. d'amende contre un fonctionnaire public, un employé du gouvernement, un ministre d'un culte salarié.
Quinze jours pour l'engagé volontaire.
Déterminer les retardataires à rejoindre leurs drapeaux.
Sinon les faire arrêter.
Surveiller les feuilles de route et les congés des militaires
Les maires frappés de destitution et de plus forte peine s'il y a lieu en cas de négligence Loi du 11 frimaire an 4. article 1er.
Coopérer à toutes les mesures prises par la gendarmerie pour l'arrestation des déserteurs français ou même étrangers.
En prévenir immédiatement le Préfet et lui transmettre l'interrogatoire subi par le déserteur.
Dans cet acte, les maires doivent préciser les circonstances qui ont motivé et accompagné la désertion

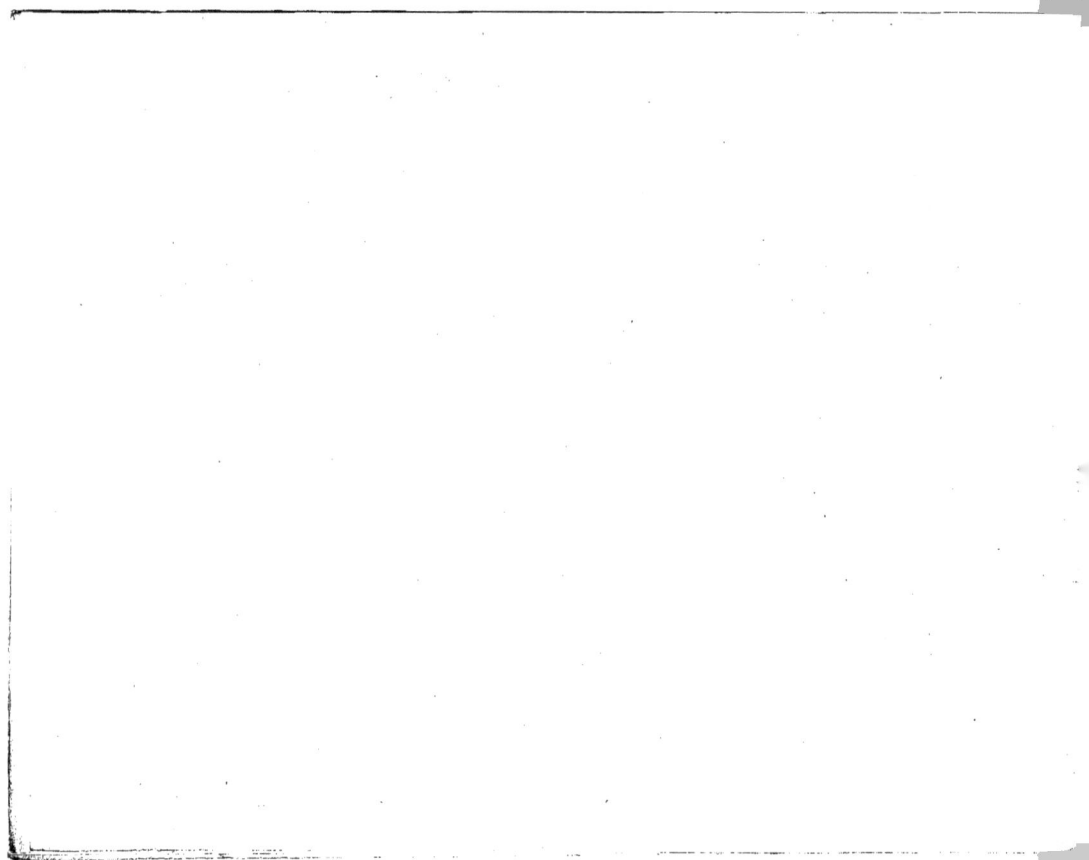

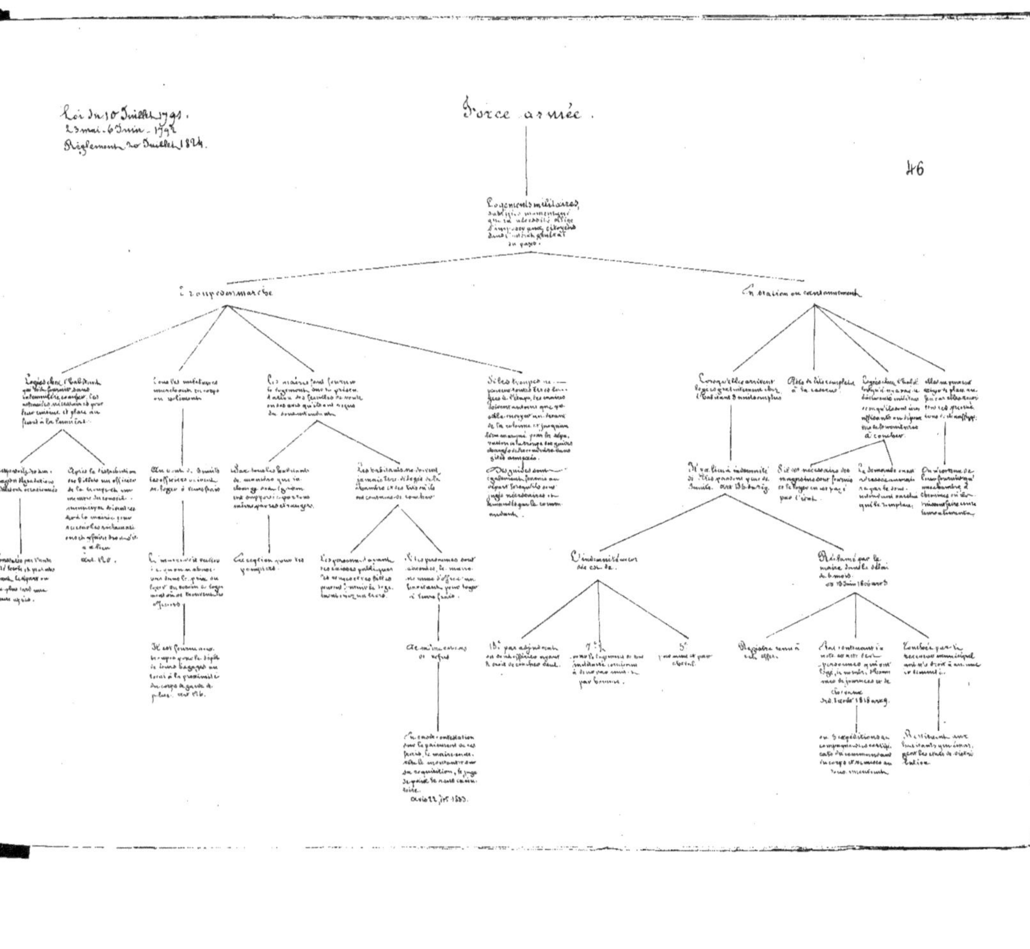

Loi du 10 Juillet 1791.
23 mai - 6 Juin - 1792
Règlement 20 Juillet 1824.
Force armée.
46
Logements militaires,
En station ou cantonnement
Réclamé par le maire dans le délai de 6 mois.

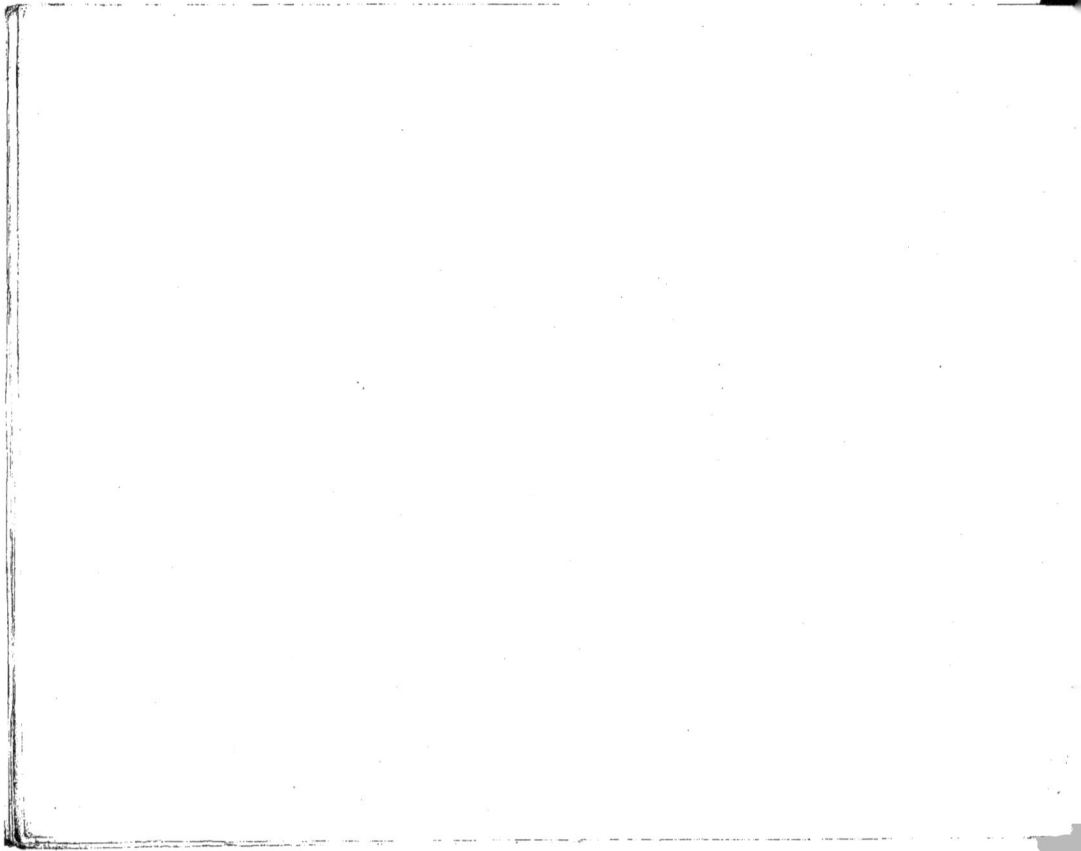

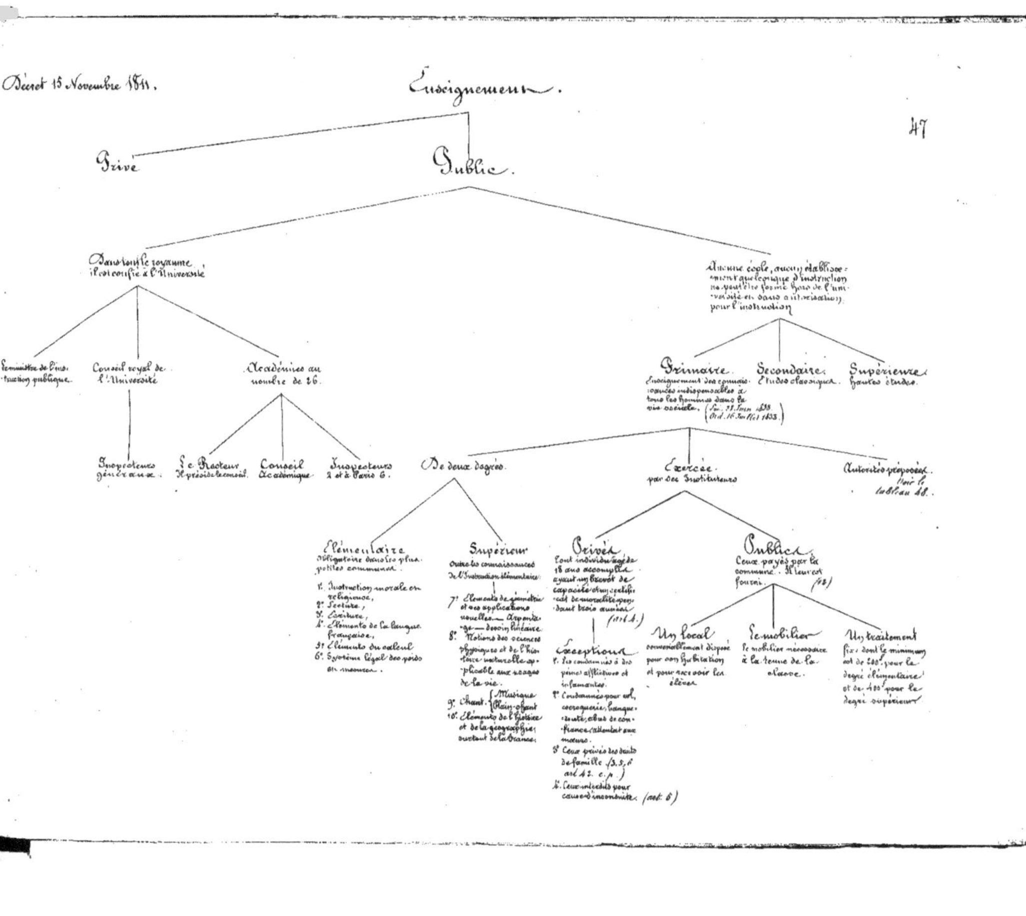
Décret 15 Novembre 1811.
Enseignement.
Privé
Public.
Dans tout le royaume il est confié à l'Université
Le ministre de l'instruction publique.
Conseil royal de l'Université
Académies au nombre de 26.
Inspecteurs généraux.
Le Recteur Il préside le conseil.
Conseil Académique
Inspecteurs 2 et à Paris 6.
Aucune école, aucun établissement quelconque d'instruction ne peut être formé hors de l'université et sans autorisation pour l'instruction
Primaire. Enseignement des connaissances indispensables à tous les hommes dans la vie sociale. (Loi 28 Juin 1833. Ord. 16 Juillet 1833.)
Secondaire. Études classiques.
Supérieure. Hautes études.
De deux degrés.
Élémentaire Obligatoire dans les plus petites communes.
1°. Instruction morale et religieuse,
2°. Lecture,
3°. Écriture,
4°. Éléments de la langue française,
5°. Éléments du calcul
6°. Système légal des poids et mesures.
Supérieur Outre les connaissances de l'Instruction élémentaire
7°. Éléments de géométrie et ses applications usuelles. — Arpentage — dessin linéaire.
8°. Notions des sciences physiques et de l'histoire naturelle applicable aux usages de la vie.
9°. Chant. Musique Plain-chant
10°. Éléments de l'histoire et de la géographie, surtout de la France.
Exercée par des Instituteurs
Privés Tout individu âgé de 18 ans accomplis ayant un brevet de capacité et un certificat de moralité pendant trois années (art. 4.)
Exceptions
1°. Les condamnés à des peines afflictives et infamantes.
2°. Condamnés pour vol, escroquerie, banqueroute, abus de confiance, attentat aux mœurs.
3°. Ceux privés des droits de famille (3.5.6 art 42. c.p.)
4°. Ceux interdits pour cause d'inconduite. (art. 6)
Publics Ceux payés par la commune. Il leur est fourni. (12)
Un local convenablement disposé pour son habitation et pour recevoir les élèves
Le mobilier Le mobilier nécessaire à la tenue de la classe.
Un traitement fixe dont le minimum est de 200f. pour le degré élémentaire et de 400 pour le degré supérieur
Autorités préposées. Voir le tableau 48.

[Loi du 28 juin 1833.
Ord. du 16 juillet 1833.]

Instruction primaire.

Autorités préposées.

- **Commission d'examen.**
  - chargée d'interroger tous les aspirants au brevet de capacité.
    - Séances publiques. (19 juillet 1833)
- **Conseil municipal.**
  - Ses attributions
    - prévoit les locaux pour les écoles publiques.
    - ses membres peuvent seuls certifier la moralité des aspirants. (Art. 4)
    - arrête la liste des indigents.
    - fixe le traitement de l'instituteur et la rétribution mensuelle des élèves.
      - l'instituteur peut prendre des arrangements avec les familles pour le paiement en nature.
      - Le recouvrement en est fait par le percepteur sur l'état dressé chaque mois par l'instituteur. (Art. 11 Ord.)
        - Le mois commencé compte en entier.
      - en cas de difficultés entre le percepteur et les parents elles sont jugées par le Conseil de Préfecture pour les décharges et réductions.
      - si les difficultés portent sur des remises ou modérations, elles sont jugées par le Préfet sur l'avis du conseil municipal et du sous-Préfet.
- **Comité communal.**
  - sa composition
    - 1° Le Maire.
    - 2° Le Curé.
    - 3° deux ou plusieurs notables nommés par le comité supérieur.
  - 1° Veille à la salubrité des écoles et au maintien de la discipline.
  - 2° s'assure qu'il est pourvu à l'enseignement gratuit des pauvres.
  - 3° arrête l'état des enfants qui ne reçoivent aucune instruction. (Art. 21.)
  - 4° fait connaître les besoins de la commune sous le rapport de l'instruction.
  - 5° donne son avis sur les candidats.
- **Le Maire.**
  - en cas d'urgence et sur la plainte du comité local il peut provisoirement suspendre l'instituteur. à charge d'en rendre compte dans les 24 heures au comité supérieur.
- **Les Inspecteurs primaires.**
  - inspectent et constatent l'état de l'instruction. (O. 26 Février 1835)
- **Le Préfet.**
  - surveille tous les établissements de l'instruction publique d'ap. l'ord. (Art. 33.)
    - autorise les écoles, pensions ou institutions de filles. Ord. 31 8bre 1821. (art. 2)
- **Le Ministre.**
  - donne l'institution aux personnes que le comité nomme instituteurs publics (Art. 22.)
- **Le Comité supérieur.**
  - sa composition
    - Le Préfet ou le sous-Préfet
    - le Procureur du roi.
    - le Curé
    - le juge-de-paix.
    - un ministre de chacun des cultes.
    - un principal.
    - un instituteur primaire.
    - 3 membres du conseil d'arrondissement.
    - les membres du Conseil Général qui résident réellement dans l'arrondt.
  - ses attributions.
    - il inspecte ou fait inspecter
    - nomme les instituteurs communaux, procède à leur installation et reçoit leur serment
    - envoie chaque année l'état de situation de toutes les écoles.
      - donne son avis sur les secours et encouragements à accorder à l'instruction primaire.
    - provoque les réformes et les améliorations nécessaires.
  - sa juridiction
    - En cas de négligence habituelle ou de faute grave il mande l'instituteur.
      - le réprimande
      - le suspend pour 1 mois avec ou sans privation de traitement.
      - le révoque de ses fonctions.
        - Le révoqué peut se pourvoir devant le Ministre en Conseil royal dans le mois de la notification de la décision du comité faite par le Maire qui en dresse l'verbal.
- **Le Tribunal civil.**
  - en chambre du conseil il interdit l'exercice de la profession à temps ou à toujours
    - appel dans les 10 jours de la notification du jugement. (art. 9.)

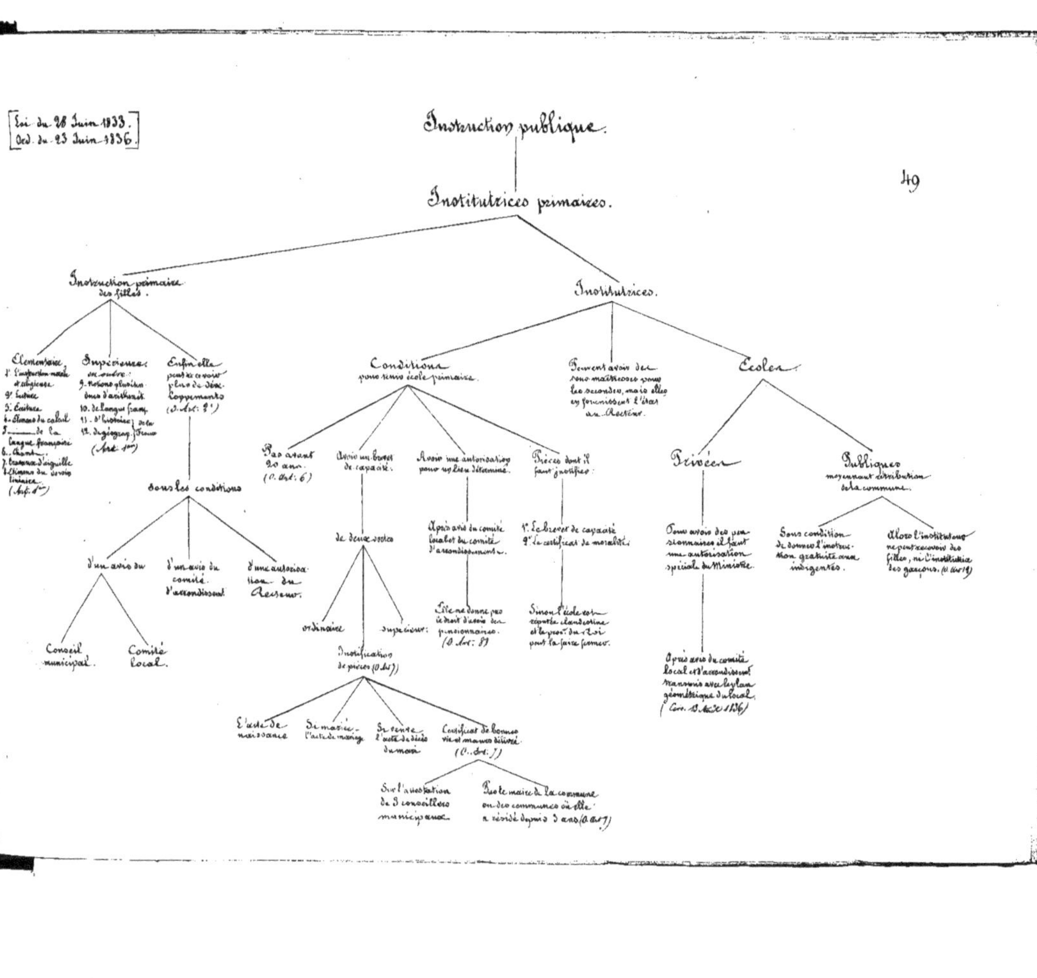

Loi du 28 Juin 1833.
Ord. du 23 Juin 1836.
Instruction publique.
Institutrices primaires.
49
Instruction primaire des filles.
Élémentaire
1° L'instruction morale et religieuse
2° Lecture
3° Écriture
4° Élémens du calcul
5° ——— de la langue française
6° Chant
7° Travaux d'aiguille
8° Élémens du dessin linéaire.
(Art. 1er)
Supérieure: en outre:
9. Notions plus étendues d'arithmét.
10. de langue franç.
11. d'histoire } de la
12. de géograp. } France
(Art. 1er)
Enfin elle peut recevoir plus de développements
(O. Art. 2)
sous les conditions
d'un avis du
Conseil municipal.
Comité local.
d'un avis du comité d'arrondissemt.
d'une autorisation du Recteur.
Institutrices.
Conditions pour tenir école primaire.
Pas avant 20 ans.
(O. Art. 6)
Avoir un brevet de capacité.
de deux sortes
ordinaire
supérieur.
Justification de pièces (O. Art. 7)
L'acte de naissance
Si mariée l'acte de mariage
Si veuve l'acte de décès du mari
Certificat de bonne vie et mœurs délivré
(O. Art. 7)
Sur l'attestation de 3 conseillers municipaux
Par le maire de la commune ou des communes où elle a résidé depuis 3 ans (O. Art. 7)
Avoir une autorisation pour un lieu déterminé.
Après avis du comité local et du comité d'arrondissement.
Elle ne donne pas le droit d'avoir des pensionnaires.
(O. Art. 8)
Pièces dont il faut justifier:
1° Le brevet de capacité
2° Le certificat de moralité.
Sinon l'école est réputée clandestine et le proc. du Roi peut la faire fermer.
Peuvent avoir des sous-maîtresses pour les seconder, mais elles en fournissent l'état au Recteur.
Écoles
Privées
Pour avoir des pensionnaires il faut une autorisation spéciale du Ministre.
Après avis du comité local et d'arrondissemt. transmis avec le plan géométrique du local.
(Circ. 13 Août 1836)
Publiques moyennant rétribution de la commune.
Sous condition de donner l'instruction gratuite aux indigentes.
Alors l'instituteur ne peut recevoir des filles, ni l'institutrice des garçons. (O. Art. 19)

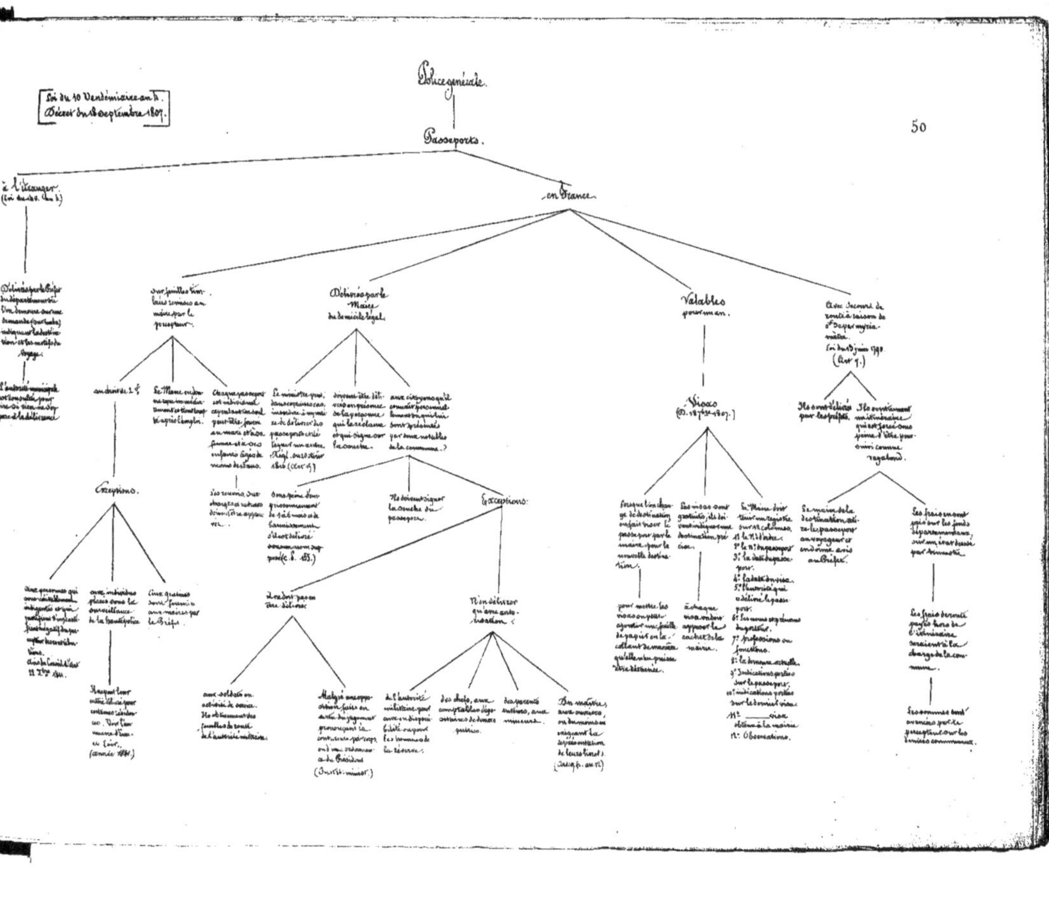
Police générale.
Passeports.
à l'étranger.
en France.
Délivrés par le Maire du domicile légal.
Valables pour un an.
Visas
Exceptions.
Ils sont délivrés par les préfets.
Exceptions.

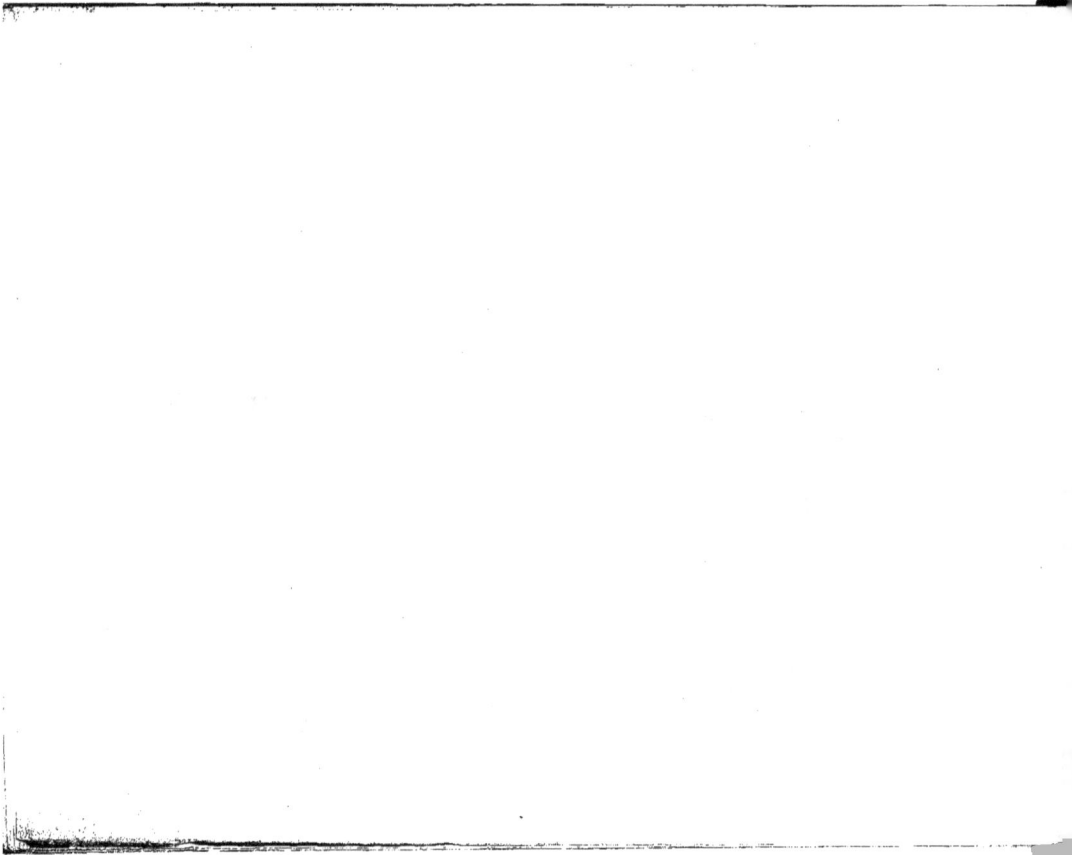

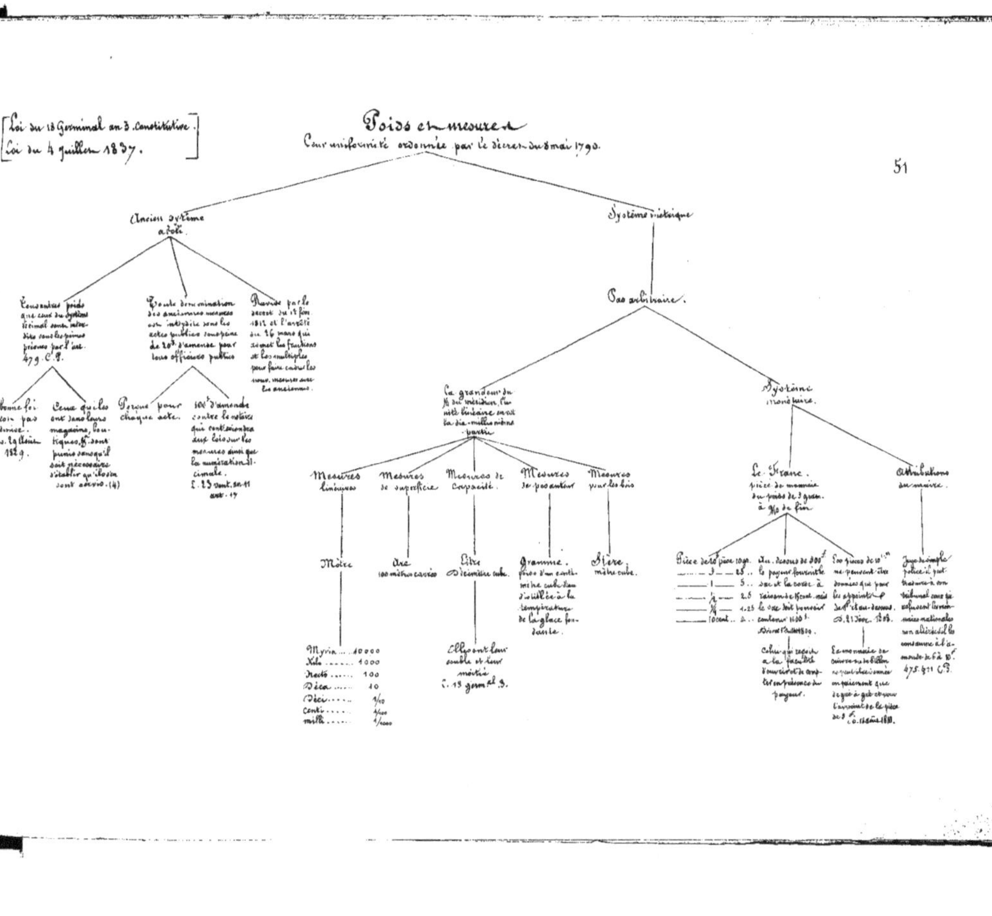
Loi du 18 Germinal an 3. Constitutive.
Loi du 4 juillet 1837.
Poids et mesures
Leur uniformité ordonnée par le décret du 8 mai 1790.
Ancien système aboli.
Système métrique
Pas arbitraire.
La bonne foi n'est pas admise.
Pour chaque acte.
La grandeur du ¼ du méridien, l'unité linéaire en est la dix-millionième partie
Système monétaire.
Mesures linéaires
Mesures de superficie
Mesures de capacité.
Mesures de pesanteur
Mesures pour les bois
Le Franc.
Attributions du maire.
Mètre
Are
100 mètres carrés
Litre
Décimètre cube.
Gramme.
Stère
mètre cube.
Myria 10000
Kilo 1000
Hecto 100
Déca 10
Déci 1/10
Centi 1/100
Milli 1/1000

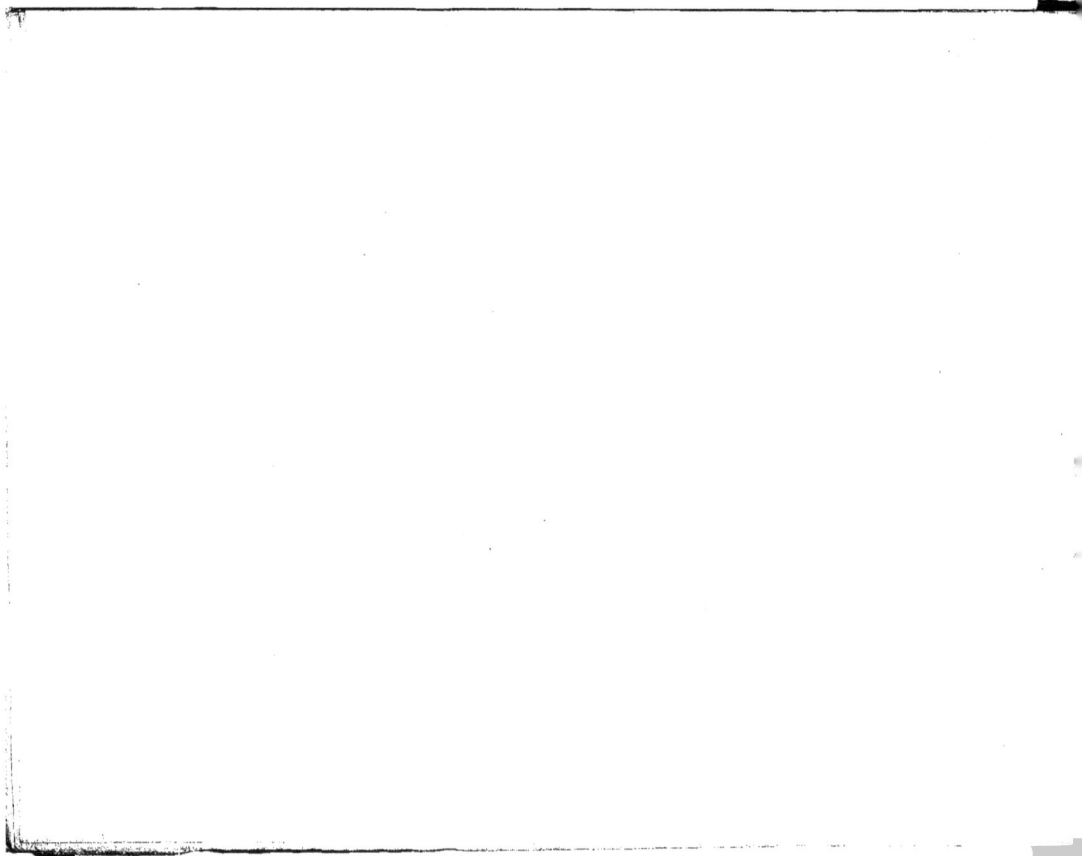

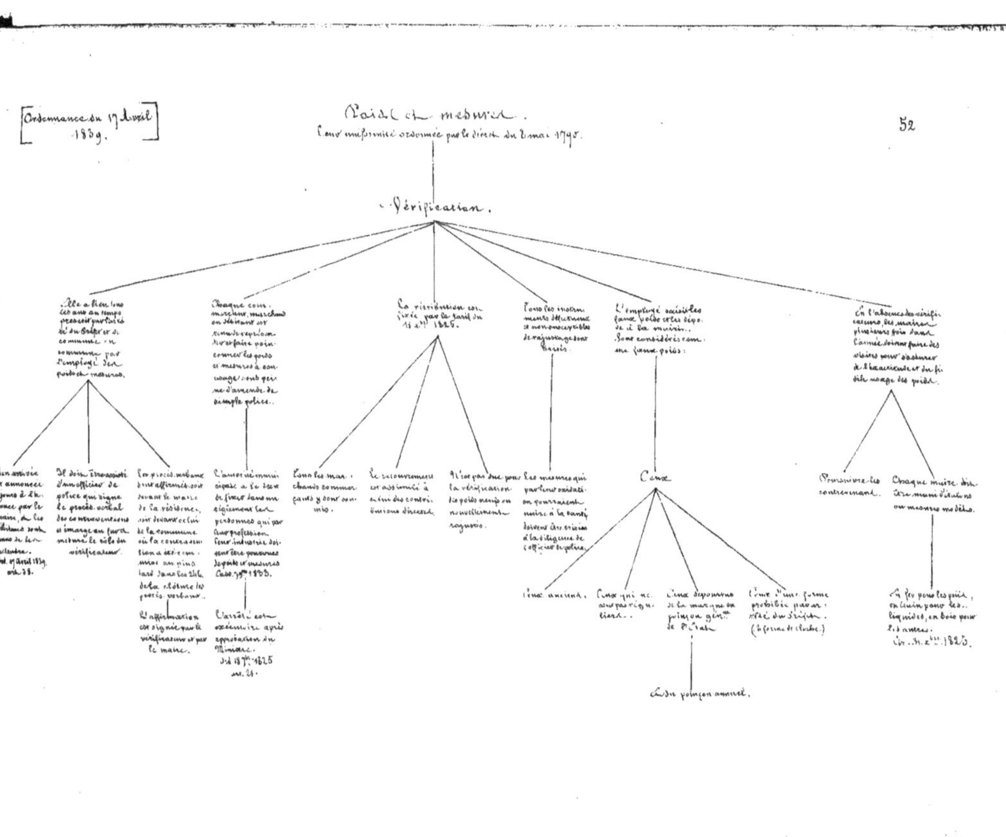
Ordonnance du 17 Avril 1839.
Poids et mesures.
Leur uniformité ordonnée par le décret du 8 mai 1795.
Vérification.
La rétribution est fixée par le tarif du 18 a.[1] 1825.
Chaque commerçant, marchand ou débitant est tenu de représenter faire poinçonner les poids et mesures à son usage, sous peine d'amende de simple police.
Il doit être assisté d'un officier de police qui signe le procès-verbal des contraventions et émarge au fur et mesure le rôle du vérificateur.
Les procès-verbaux sont affirmés soit devant le maire de la résidence, soit devant celui de la commune où la contravention a été commise au plus tard dans les 24 h. de la clôture des procès-verbaux.
L'affirmation est signée par le vérificateur et par le maire.
L'arrêté est exécutoire après approbation du Ministre.
Tous les marchands commerçants y sont soumis.
Le recouvrement est assimilé à celui des contributions directes.
Il n'est pas dû pour la vérification des poids neufs ou nouvellement rajustés.
Ceux
Ceux anciens.
Ceux qui ne sont pas réguliers.
Ceux dépourvus de la marque ou poinçon génl. de l'État.
Ceux d'une forme prohibée par arrêté du Préfet. (à forme de cloche.)
Poursuivre les contrevenants.
Chaque maire doit être muni d'étalons ou mesures modèles.
En fer pour les poids, en étain pour les liquides, en bois pour les autres.
Cir. M. 2 8bre 1825.
Et du poinçon annuel.

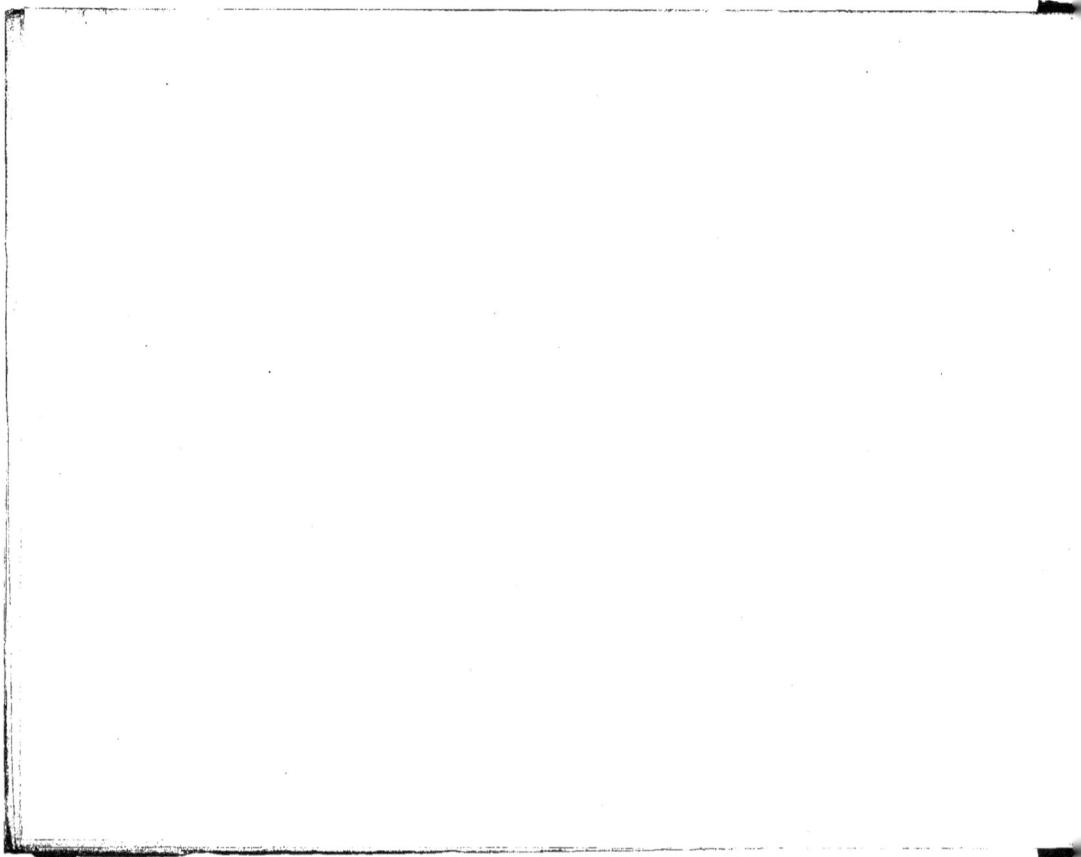

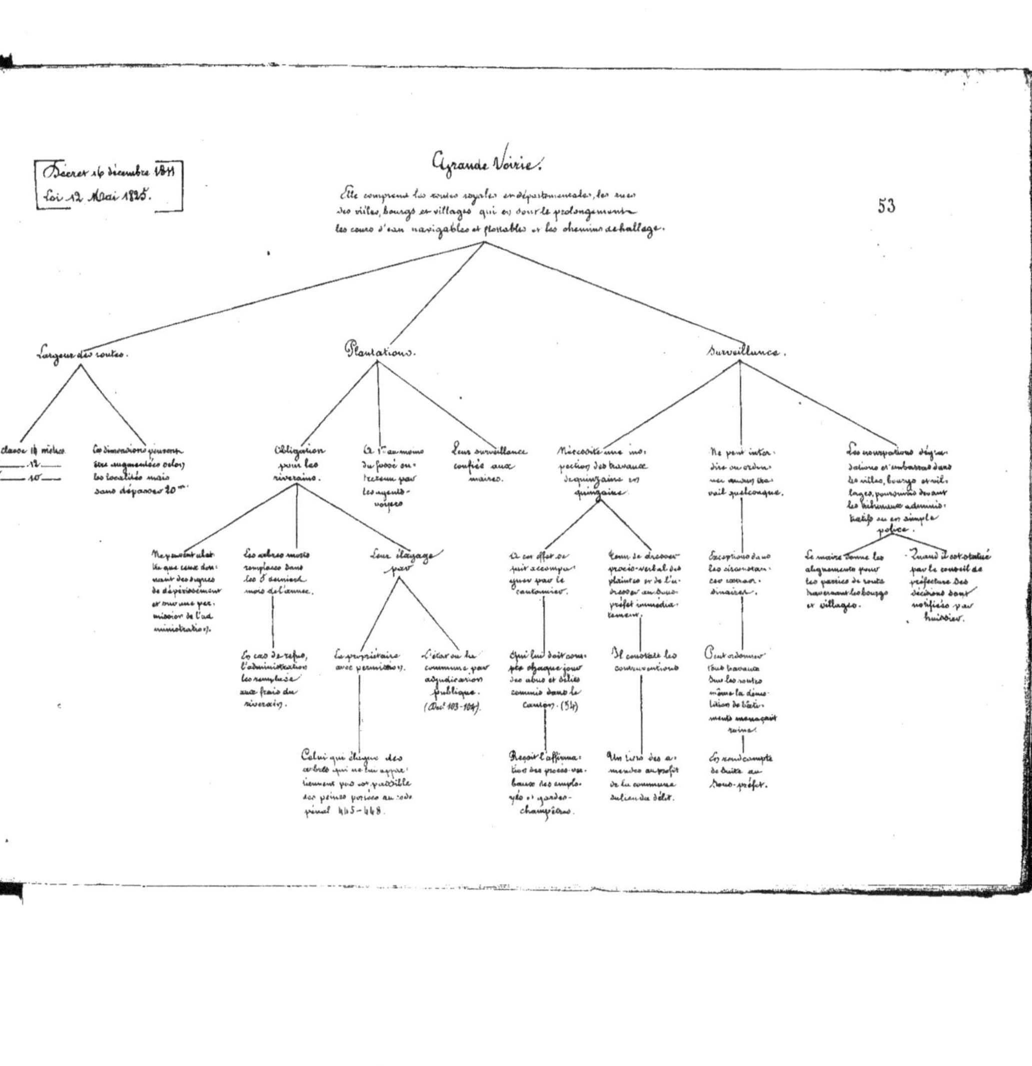
Décret 16 décembre 1811
Loi 12 Mai 1825.
Grande Voirie.
Elle comprend les routes royales et départementales, les rues des villes, bourgs et villages qui en sont le prolongement les cours d'eau navigables et flottables et les chemins de halage.
Largeur des routes.
1re classe 14 mètres
2e — 12 —
3e — 10 —
Ces dimensions peuvent être augmentées selon les localités mais sans dépasser 20 m.
Plantations.
Obligation pour les riverains.
A 1m au moins du fossé entretenu par les agents-voyers
Leur surveillance confiée aux maires.
Ne peuvent être abattus que ceux donnant des signes de dépérissement et sur une permission de l'administration.
Les arbres morts remplacés dans les 5 derniers mois de l'année.
Leur élagage par
En cas de refus, l'administration les remplace aux frais du riverain.
Le propriétaire avec permission.
L'état ou la commune par adjudication publique. (Décr 103-104).
Celui qui élague des arbres qui ne lui appartiennent pas est passible des peines portées au code pénal 445-448.
Surveillance.
Nécessite une inspection des travaux de quinzaine en quinzaine.
Ne peut interdire ou ordonner aucun travail quelconque.
Les usurpations dégradations et embarras dans les villes, bourgs et villages, poursuivis devant les tribunaux administratifs ou en simple police.
A cet effet se fait accompagner par le cantonnier.
Tenu de dresser procès-verbal des plaintes et de l'adresser au sous-préfet immédiatement.
Exceptions dans les circonstances extraordinaires.
Le maire donne les alignements pour les parties de route traversant les bourgs et villages.
Quand il est statué par le conseil de préfecture des décisions sont notifiées par huissier.
Qui lui doit compte chaque jour des abus et délits commis dans le canton. (54)
Il constate les contraventions
Peut ordonner tous travaux sur les routes même la démolition de bâtiments menaçant ruine.
Reçoit l'affirmation des procès-verbaux des employés et gardes-champêtres.
Un tiers des amendes au profit de la commune du lieu du délit.
En rend compte de suite au sous-préfet.

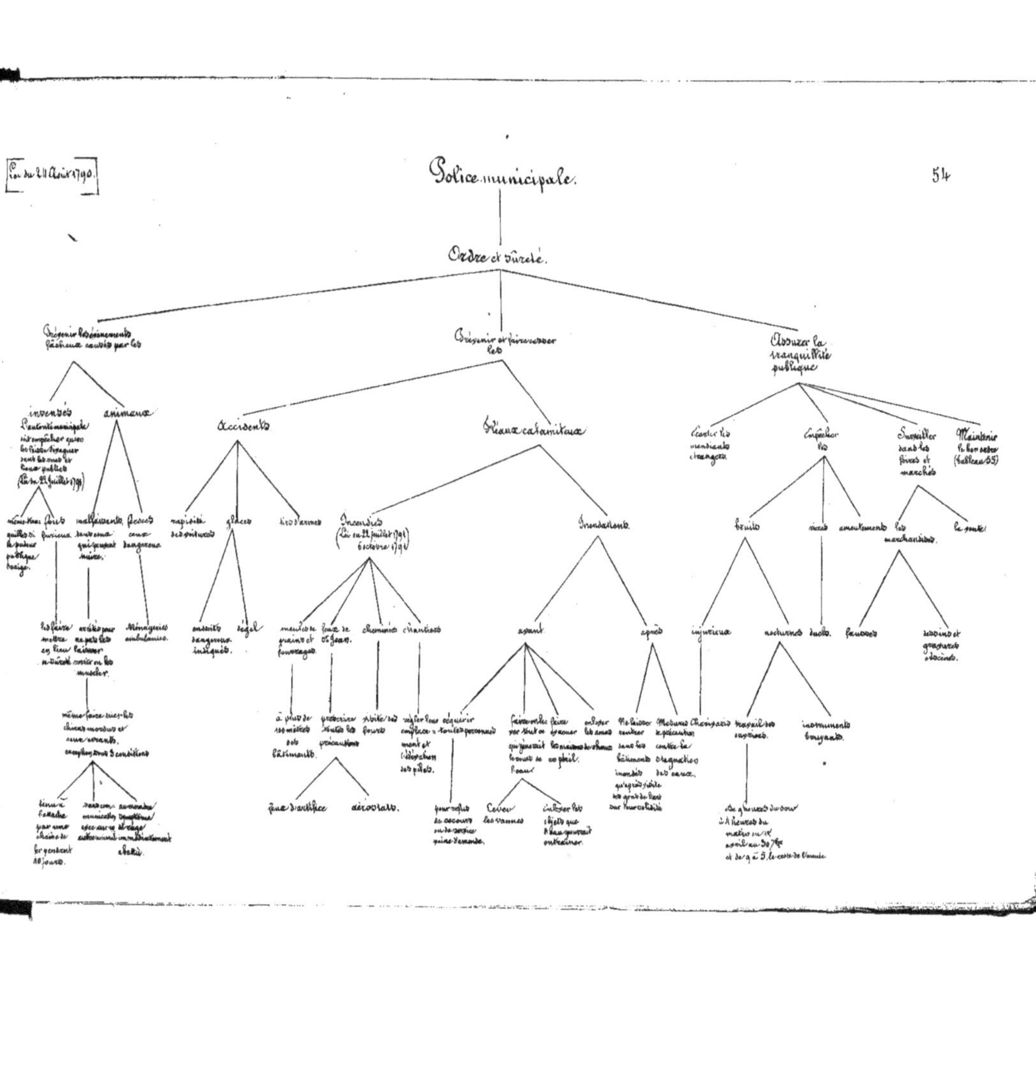
Loi du 24 Août 1790.
Police municipale.
Ordre et sûreté.
Prévenir les évènements fâcheux causés par les
insensés
animaux
Prévenir et faire cesser les
Accidents
Fléaux calamiteux
Assurer la tranquillité publique
rapidité des voitures
glaces
tirs d'armes
Incendies (Loi du 22 juillet 1791, 6 octobre 1791)
Inondations.
Écarter les mendiants étrangers
Empêcher les
Surveiller dans les foires et marchés
Maintenir le bon ordre (tableau 55)
chiens furieux
malfaisants
féroces
Ménageries ambulantes.
endroits dangereux indiqués.
dégel
meules de grains et fourrages.
feux de St Jean.
cheminées
chantiers
avant
après
bruits
rixes
ameutements
les marchandises.
le poids
injurieux
nocturnes
duels.
fausses
dessins et gravures obscènes.
feux d'artifice
aérostats.
Lever les vannes
Charivaris
travail des ouvriers.
instruments bruyants.

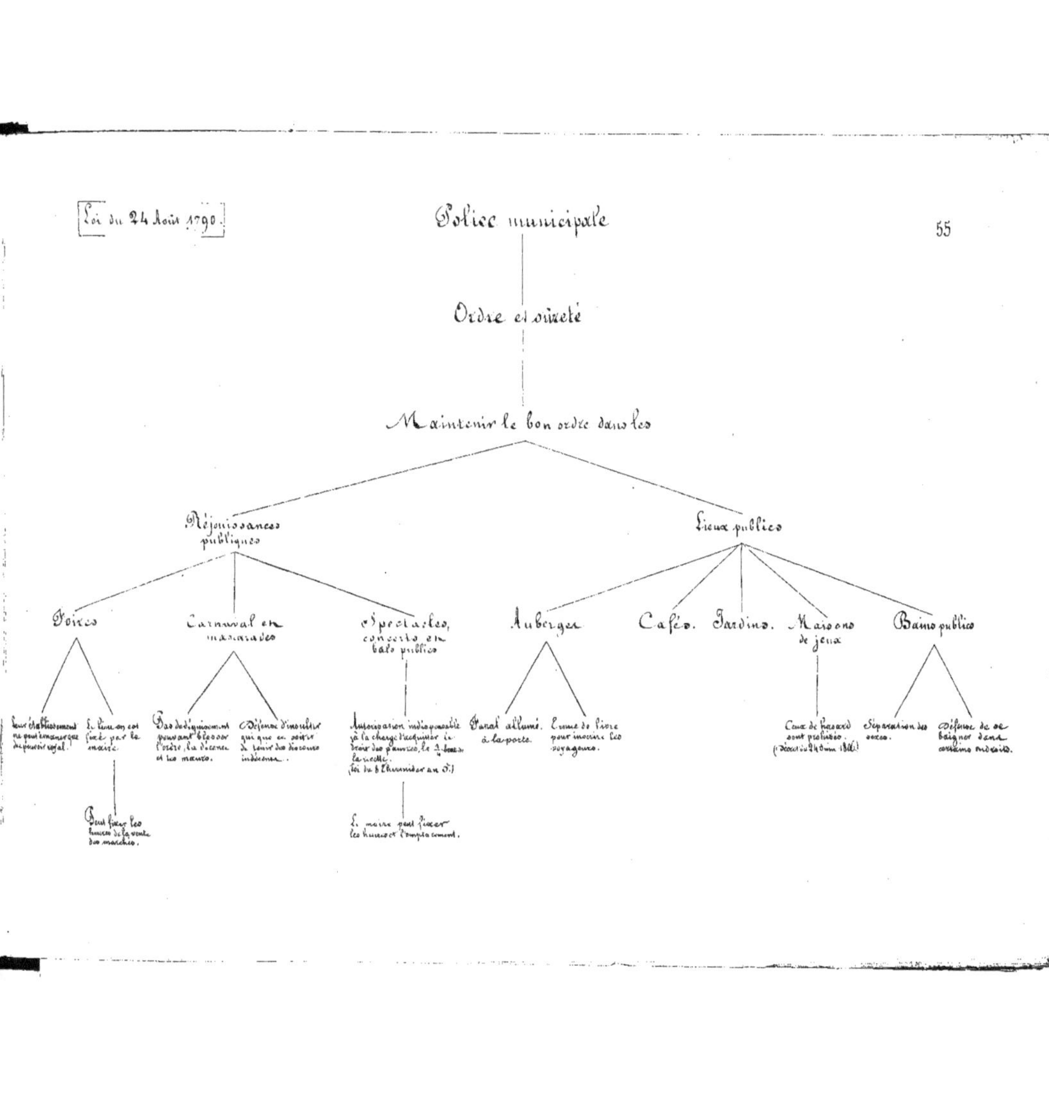
Loi du 24 Août 1790.
Police municipale
Ordre et sûreté
Maintenir le bon ordre dans les
Réjouissances publiques
Lieux publics
Foires
Carnaval et mascarades
Spectacles, concerts et bals publics
Auberges
Cafés.
Jardins.
Maisons de jeux
Bains publics
Leur établissement ne peut émaner que du pouvoir royal.
Le terme en est fixé par le maire.
Peut fixer les heures de la vente des marchés.
Pas de déguisement pouvant blesser l'ordre, la décence et les mœurs.
Défense d'insulter qui que ce soit et de tenir des discours indécents.
Autorisation indispensable à la charge d'acquitter le droit des pauvres, le 1/4 brut de la recette.
(Loi du 8 Thermidor an V.)
Le maire peut fixer les heures et l'emplacement.
Fanal allumé à la porte.
Tenue de livre pour inscrire les voyageurs.
Ceux de hasard sont prohibés.
(Décret du 24 Juin 1806.)
Séparation des sexes.
Défense de se baigner dans certains endroits.

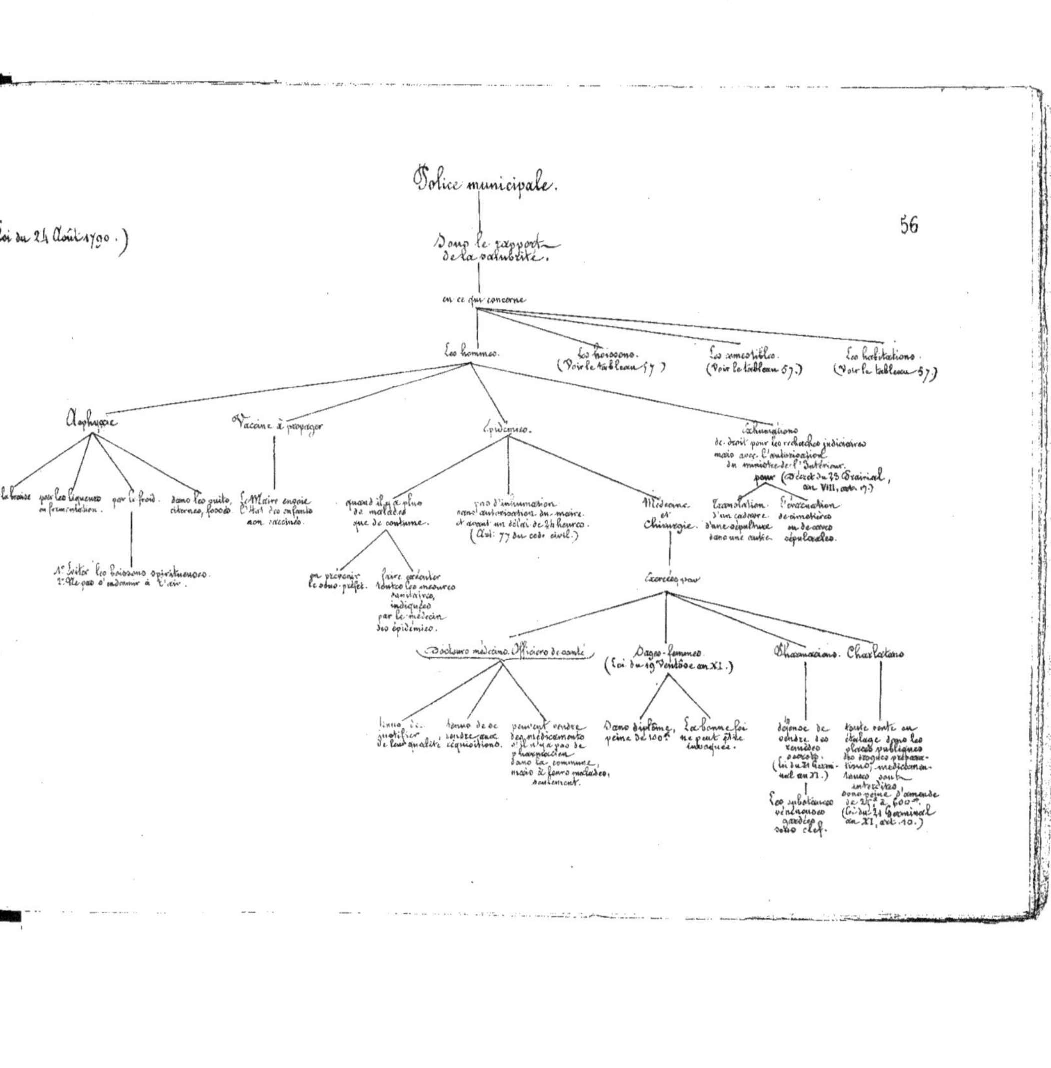
Police municipale.
(Loi du 24 Août 1790.)
Sous le rapport de la salubrité.
en ce qui concerne
Les hommes.
Les boissons. (Voir le tableau 57)
Les comestibles. (Voir le tableau 57.)
Les habitations. (Voir le tableau 57.)
Asphyxie
par la braise
par les liqueurs en fermentation.
par le froid.
1° Éviter les boissons spiritueuses.
2° Ne pas s'endormir à l'air.
dans les puits, citernes, fossés
Vaccine à propager
Le Maire envoie l'état des enfants non vaccinés.
Épidémies.
quand il y a plus de malades que de coutume.
en prévenir le sous-préfet.
faire exécuter toutes les mesures sanitaires, indiquées par le médecin des épidémies.
pas d'inhumation sans autorisation du maire et avant un délai de 24 heures. (Art. 77 du code civil.)
Médecine et Chirurgie.
Exercées par
Docteurs médecins. Officiers de santé
tenus de justifier de leur qualité
tenus de se rendre aux réquisitions.
peuvent vendre des médicaments s'il n'y a pas de pharmacien dans la commune, mais à leurs malades, seulement.
Sages-femmes (Loi du 19 Ventôse an XI.)
Sans diplôme, peine de 100f.
La bonne foi ne peut être invoquée.
Pharmaciens.
défense de vendre des remèdes secrets. (Loi du 21 Germinal an XI.)
Les substances vénéneuses gardées sous clef.
Charlatans
toute vente ou étalage dans les places publiques des drogues préparations, médicamenteuses sont interdites sous peine d'amende de 25f à 600f. (Loi du 21 Germinal an XI, art. 10.)
Exhumations
de droit pour les recherches judiciaires mais avec l'autorisation du ministre de l'Intérieur.
pour (Décret du 23 Prairial, an VIII, art. 17.)
translation d'un cadavre d'une sépulture dans une autre.
l'évacuation de cimetières ou de caves sépulcrales.

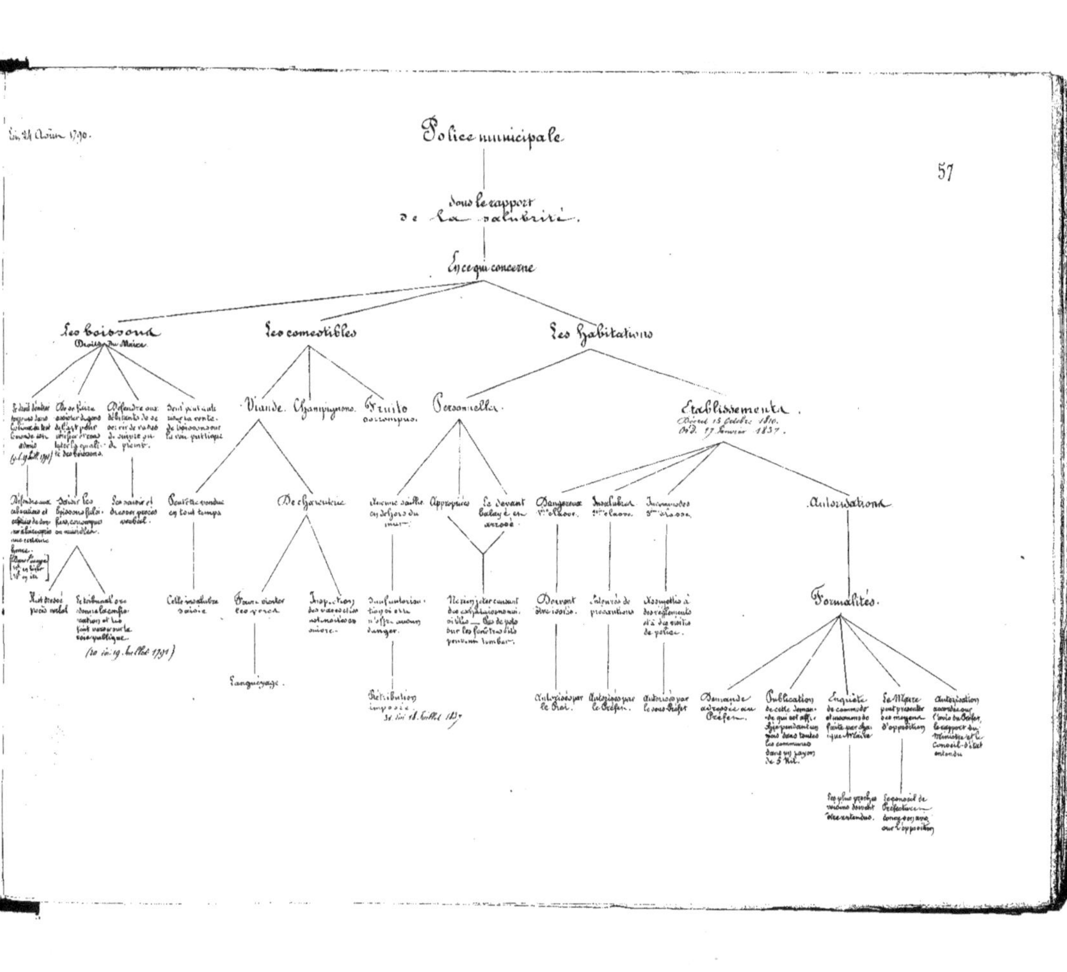
Police municipale
sous le rapport de la salubrité.
En ce qui concerne
Les boissons
Les comestibles
Les habitations
Viande.
Champignons.
Fruits corrompus.
Personnelles.
Etablissements.
Décret 15 Octobre 1810.
Peut être vendue en tout temps
De charcuterie
Celle insalubre saisie.
Langueyage.
Appropriées
Le devant balayé et arrosé.
Dangereux 1re classe.
Insalubres 2me classe.
Incommodes 3me classe.
Autorisations
Doivent être isolés.
Assujettis à des règlements et à des visites de police.
Formalités.
Autorisés par le Roi.
Autorisés par le Préfet.
Autorisés par le sous-Préfet
Demande adressée au Préfet.
Le Maire peut présenter ses moyens d'opposition
Rétribution imposée.

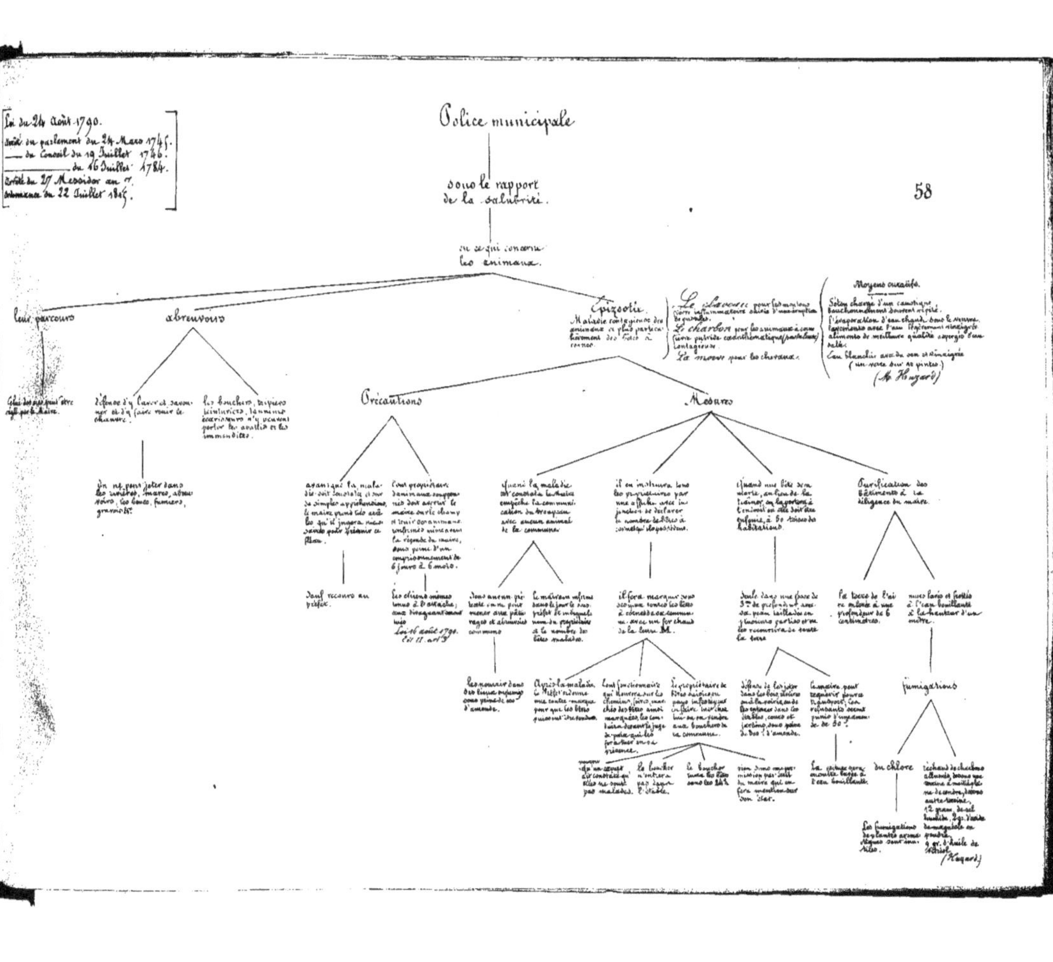

Loi du 24 Août 1790.
Arrêt du parlement du 24 Mars 1745.
— du Conseil du 19 Juillet 1746.
— du 16 Juillet 1784.
Arrêté du 27 Messidor an
Ordonnance du 22 Juillet 1845.
Police municipale
sous le rapport de la salubrité.
en ce qui concerne les animaux.
leurs parcours
Celui des pâturages peut être réglé par le Maire.
abreuvoirs
Défense d'y laver et savonner et d'y faire rouir le chanvre.
Les bouchers, tripiers, teinturiers, tanneurs, écarisseurs n'y peuvent porter les avallis et les immondices.
On ne peut jeter dans les rivières, mares, abreuvoirs, les boues, fumiers, gravois &c.
Epizootie.
Maladie contagieuse des animaux et plus particulièrement des bêtes à cornes.
Le claveau pour les moutons
Le charbon pour les animaux à cornes
La morve pour les chevaux.
Moyens curatifs.
(M. Huzard)
Précautions
Sauf recours au préfet.
Loi 16 août 1790.
Mesures
Quand la maladie est constatée le Maire empêche la communication du troupeau avec aucun animal de la commune.
Il en instruira tous les propriétaires par une affiche avec injonction de déclarer le nombre de bêtes à cornes qu'ils possèdent.
Il fera marquer toutes les bêtes à cornes de la commune avec un fer chaud de la lettre M.
Quand une bête sera morte, au lieu de la traîner, on la portera à l'endroit où elle doit être enfouie, à 50 toises des habitations.
Purification des Bâtiments à la diligence du maire.
La terre de l'aire enlevée à une profondeur de 6 centimètres.
murs lavés et frottés à l'eau bouillante à la hauteur d'un mètre.
fumigations
du chlore
Les fumigations de plantes aromatiques sont inutiles.
(Huzard)

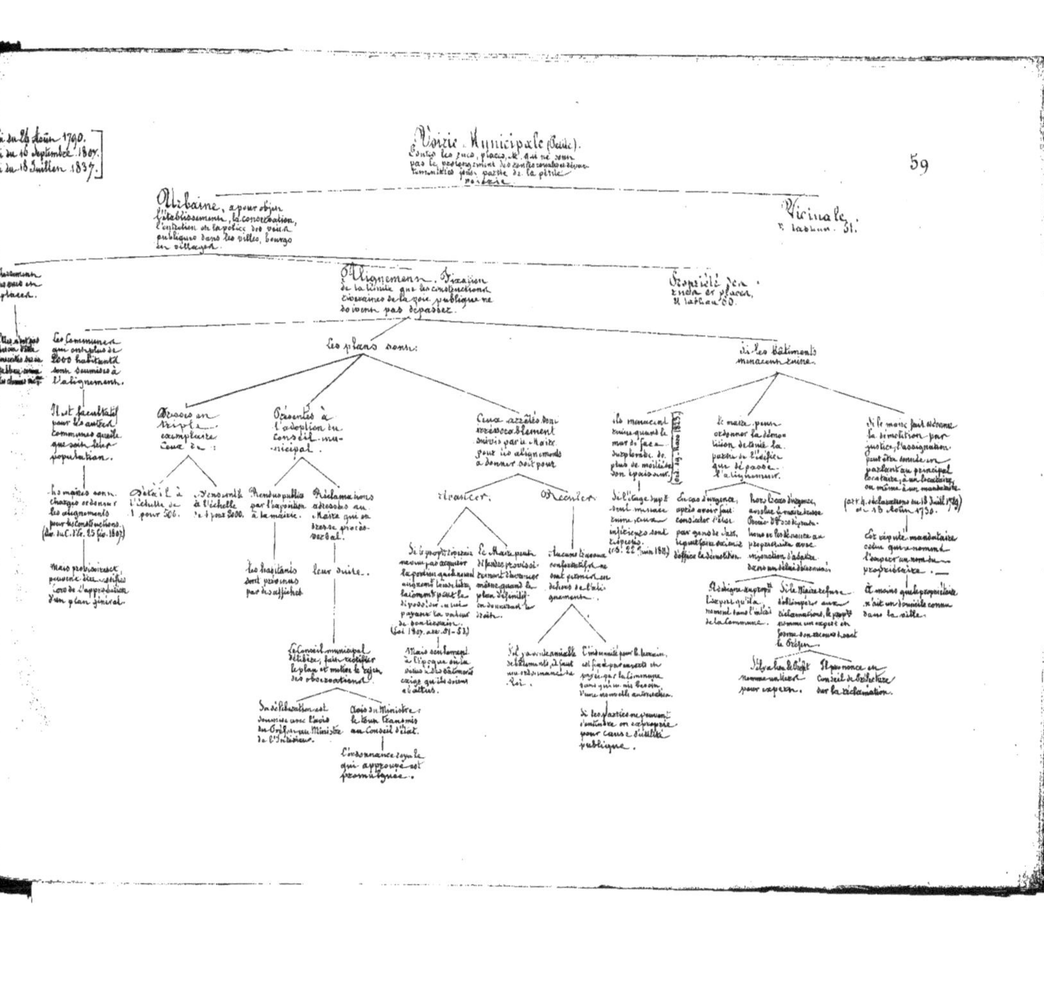
Loi du 24 Août 1790.
Loi du 16 Septembre 1807.
Loi du 18 Juillet 1837.
Voirie Municipale
Urbaine
Vicinale
Alignement. Fixation de la limite que les constructions riveraines de la voie publique ne doivent pas dépasser.
Les plans sont:
Si les bâtiments menacent ruine.
Reculer

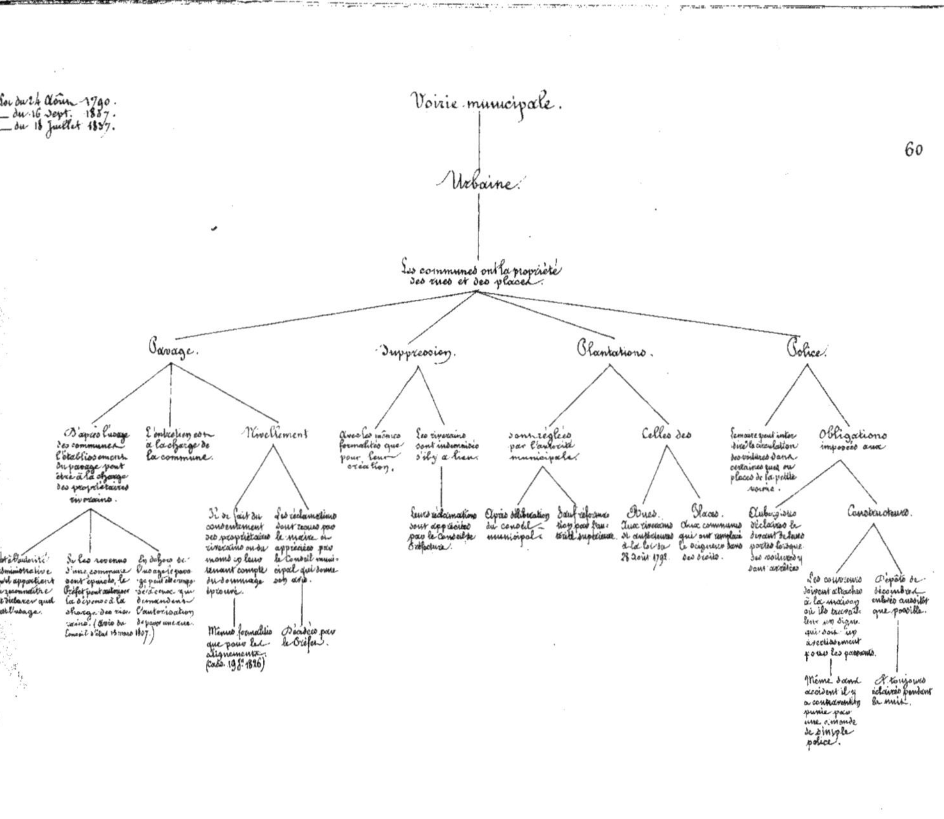

Loi du 24 Août 1790.
— du 16 Sept. 1807.
— du 18 Juillet 1837.
Voirie municipale.
Urbaine.
Les communes ont la propriété des rues et des places.
Pavage.
Suppression.
Plantations.
Police.
D'après l'usage des communes l'établissement du pavage peut être à la charge des propriétaires riverains.
L'entretien est à la charge de la commune.
Nivellement
Avec les mêmes formalités que pour leur création.
Les riverains sont indemnisés s'il y a lieu.
sont réglées par l'autorité municipale.
Celles des
Le maire peut interdire la circulation des voitures dans certaines rues ou places de la petite voirie.
Obligations imposées aux
C'est à l'autorité administrative qu'il appartient de reconnaître et déclarer quel est l'usage.
Si les revenus d'une commune sont épuisés, le Préfet peut autoriser la dépense à la charge des riverains. (Avis du Conseil d'état 13 mars 1807.)
Il se fait du consentement des propriétaires riverains ou du moins en leur tenant compte du dommage éprouvé.
Les réclamations sont reçues par le maire et appréciées par le Conseil municipal qui donne son avis.
Mêmes formalités que pour les alignements. (Cass. 19 J.et 1826)
Décidées par le Préfet.
Leurs réclamations sont appréciées par le Conseil de Préfecture.
Après délibération du conseil municipal
Sauf réformation par l'autorité supérieure.
Rues.
Aux riverains et acquéreurs d'après la loi du 28 Août 1792.
Places.
Aux communes qui ont remplacé les seigneurs dans ces droits.
Aubergistes
Constructeurs.
Les couvreurs doivent attacher à la maison où ils travaillent un signe qui soit un avertissement pour les passants.
Dépôts de décombres enlevés aussitôt que possible.
Même sans accident il y a contravention punie par une amende de simple police.
Et toujours éclairés pendant la nuit.

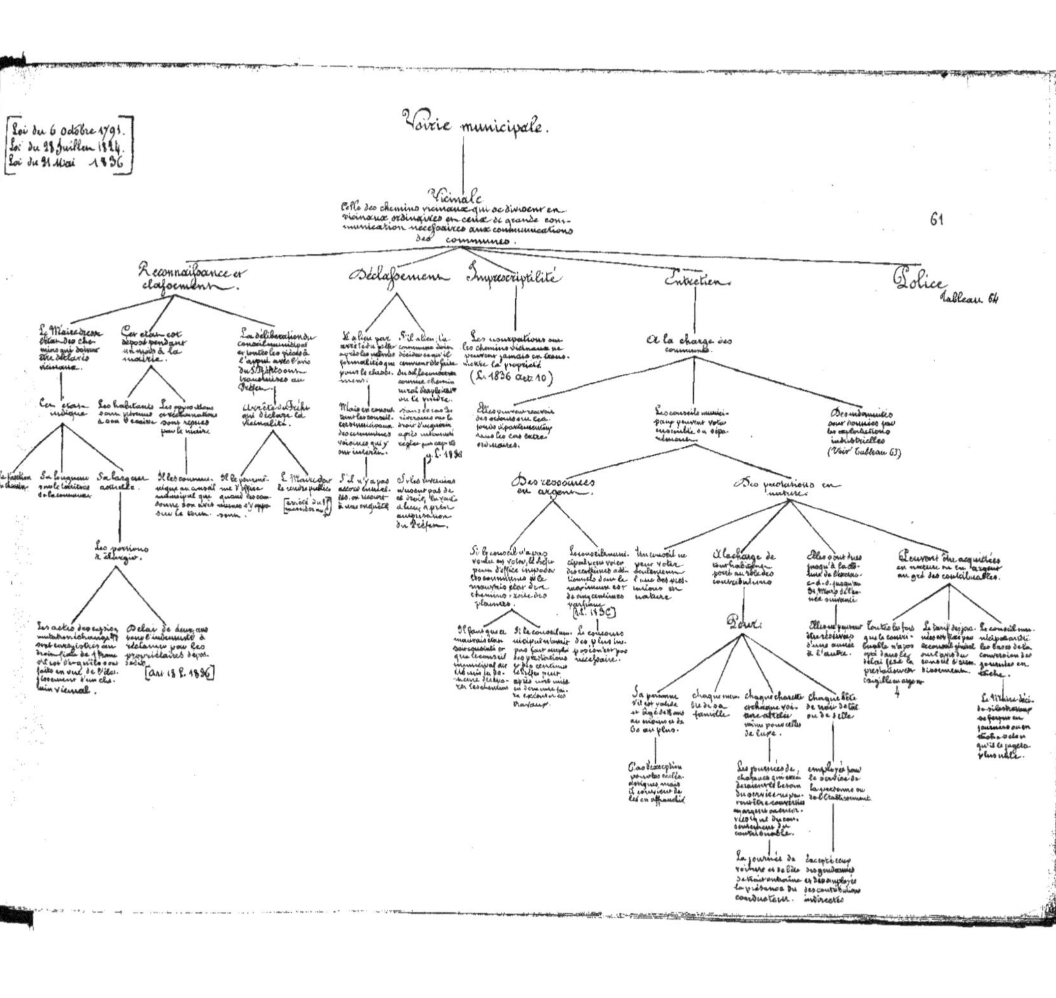

Loi du 6 octobre 1791.
Loi du 28 Juillet 1824.
Loi du 21 Mai 1836
Voirie municipale.
Vicinale
Celle des chemins vicinaux qui se divisent en vicinaux ordinaires et ceux de grande communication nécessaires aux communications des communes.
61
Reconnaissance et classement.
Déclassement
Imprescriptibilité
Entretien.
Police
Tableau 64
Les usurpations sur les chemins vicinaux ne peuvent jamais en transmettre la propriété
(L. 1836 art. 10)
A la charge des communes.
Des indemnités sont fournies par les exploitations industrielles
(Voir Tableau 63)
Des ressources en argent.
Des prestations en nature.
Peuvent être acquittées en nature ou en argent au gré des contribuables.
Pour:

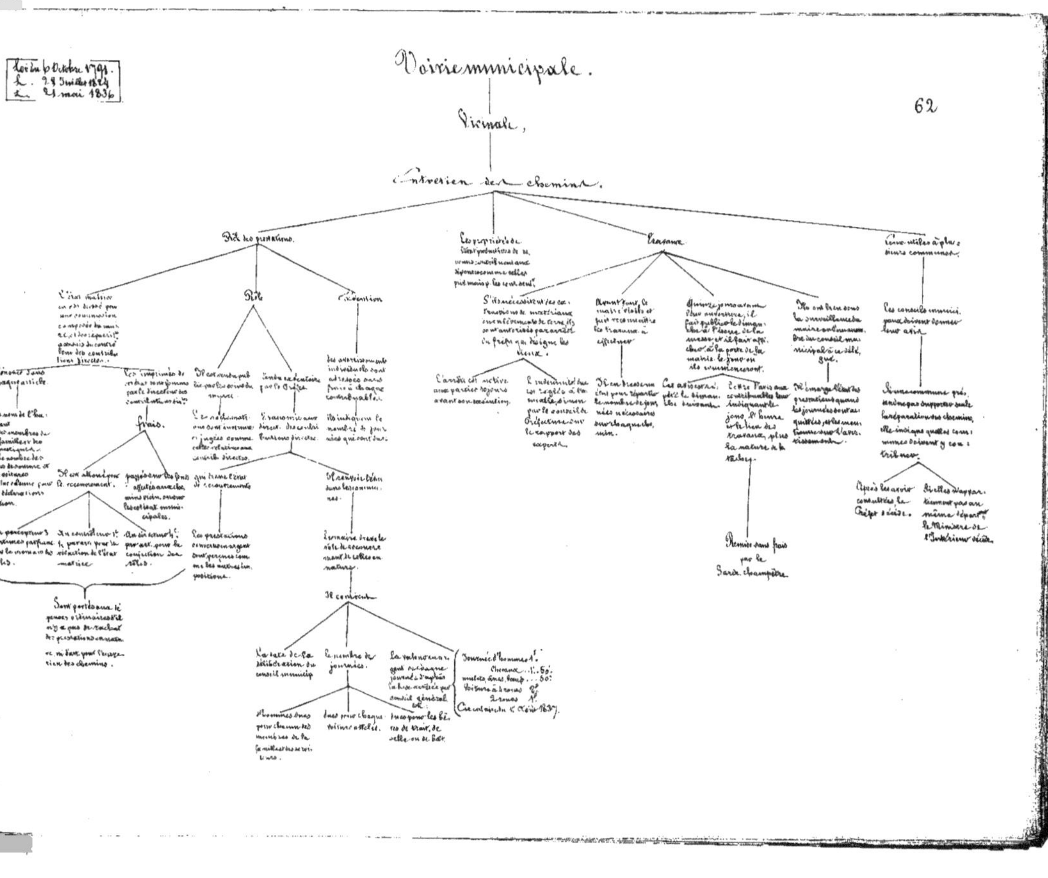
Loi du 6 Octobre 1791.
L. 28 Juillet 1824
L. 21 mai 1836
Voirie municipale.
Vicinale,
Entretien des chemins.
Rôle des prestations.
Rôle
Exécution
frais.
Travaux
Remise sans frais
par le
Garde champêtre

L. 6 8bre 1791.
L. 28 juillet 1824.
L. 21 mai 1836.

Voirie municipale.

Vicinale.

Entretien des chemins vicinaux.

Indemnité due par les exploitations industrielles

- Si le chemin est tenu en état de viabilité.
  - La reconnaissance de son état est faite contradict.
    - Avant l'exploitation si elle est temporaire.
    - Tous les ans si elle est permanente.
  - Le maire invite par écrit l'exploitant à se trouver à jour et heures fixes sur le chemin.
    - remis par le garde champêtre qui prend un reçu ou dresse P.V. de la remise.
  - Si les parties sont d'accord l'état est constaté par le maire et l'exploitant.
    - Alors est dressé un procès-verbal double, il est signé par chaque partie.
  - Si les parties ne sont pas d'accord, ou si l'une ne se présente pas il y a lieu à une expertise faite dans les formes légales.
- Par le propriétaire de la forêt ou de la carrière à moins qu'elles ne soient louées.
  - Même au profit des autres communes sur lesquelles il passe pour gagner la route.
    - Même quand tout le chemin ne serait pas viable, mais alors dans la proportion de la partie viable.
- Elle est réglée par
  - Le Préfet pour les chemins de grande communication.
  - Le conseil de Préfecture quand il s'agit d'un chemin vicinal ordinaire.
    - après expertise
      1 expert nommé par le Préfet
      1 . . . . l'exploitant
      1 par le conseil de Préfecture s'il y a lieu.
  - en subventions.
    - réglées par le conseil de Préfecture.
    - La partie a le droit de se libérer en argent ou en prestations.
      - En argent il est déposé à la caisse
        - du Receveur général s'il s'agit d'un chemin de grande communication.
        - du Receveur communal s'il s'agit d'un chemin vicinal ordinaire.
      - En nature réglé par l'arrêté du conseil municipal
    - Elles peuvent être l'objet d'un abonnement.

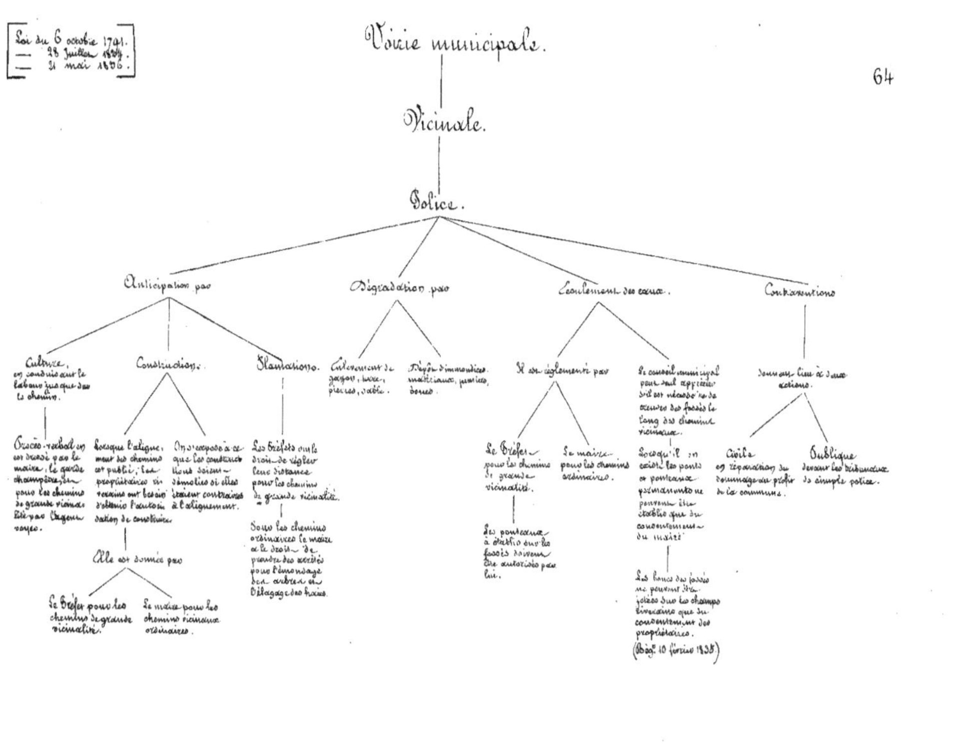
Loi du 6 octobre 1791.
— 28 Juillet 1824.
— 21 mai 1836.
Voirie municipale.
Vicinale.
Police.
Anticipation par
Dégradation par
Écoulement des eaux.
Contraventions
Culture, en conduisant le labour jusque dans le chemin.
Constructions.
Plantations.
Enlèvement de gazon, terre, pierres, sable.
Dépôt d'immondices, matériaux, pierres, bornes.
Il est réglementé par
Le conseil municipal peut seul apprécier s'il est nécessaire de creuser des fossés le long des chemins vicinaux.
Donnent lieu à deux actions.
Procès-verbal en est dressé par le maire, le garde champêtre, et pour les chemins de grande vicinalité par l'agent voyer.
Lorsque l'alignement des chemins est publié, les propriétaires riverains ont besoin d'obtenir l'autorisation de construire.
On s'expose à ce que les constructions soient démolies si elles étaient contraires à l'alignement.
Les Préfets ont le droit de régler leur distance pour les chemins de grande vicinalité.
Elle est donnée par
Le Préfet pour les chemins de grande vicinalité.
Le maire pour les chemins vicinaux ordinaires.
Sous les chemins ordinaires le maire a le droit de prendre des arrêtés pour l'émondage des arbres et l'élagage des haies.
Le Préfet pour les chemins de grande vicinalité.
Le maire pour les chemins ordinaires.
Les ponteaux à établir sur les fossés doivent être autorisés par lui.
Lorsqu'il en existe les ponts et ponteaux permanents ne peuvent être établis que du consentement du maire.
Les boues des fossés ne peuvent être jetées sur les champs riverains que du consentement des propriétaires.
(Règt. 10 février 1835.)
Civile en réparation du dommage au profit de la commune.
Publique devant les tribunaux de simple police.

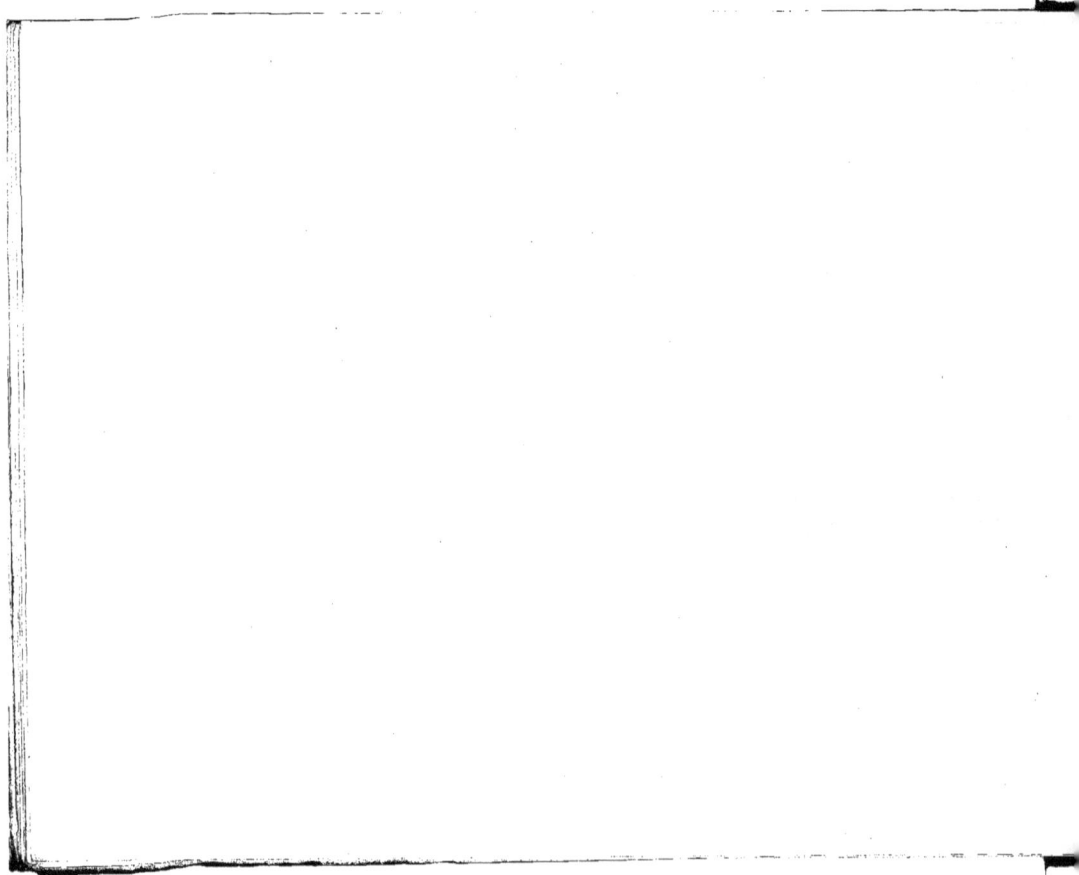

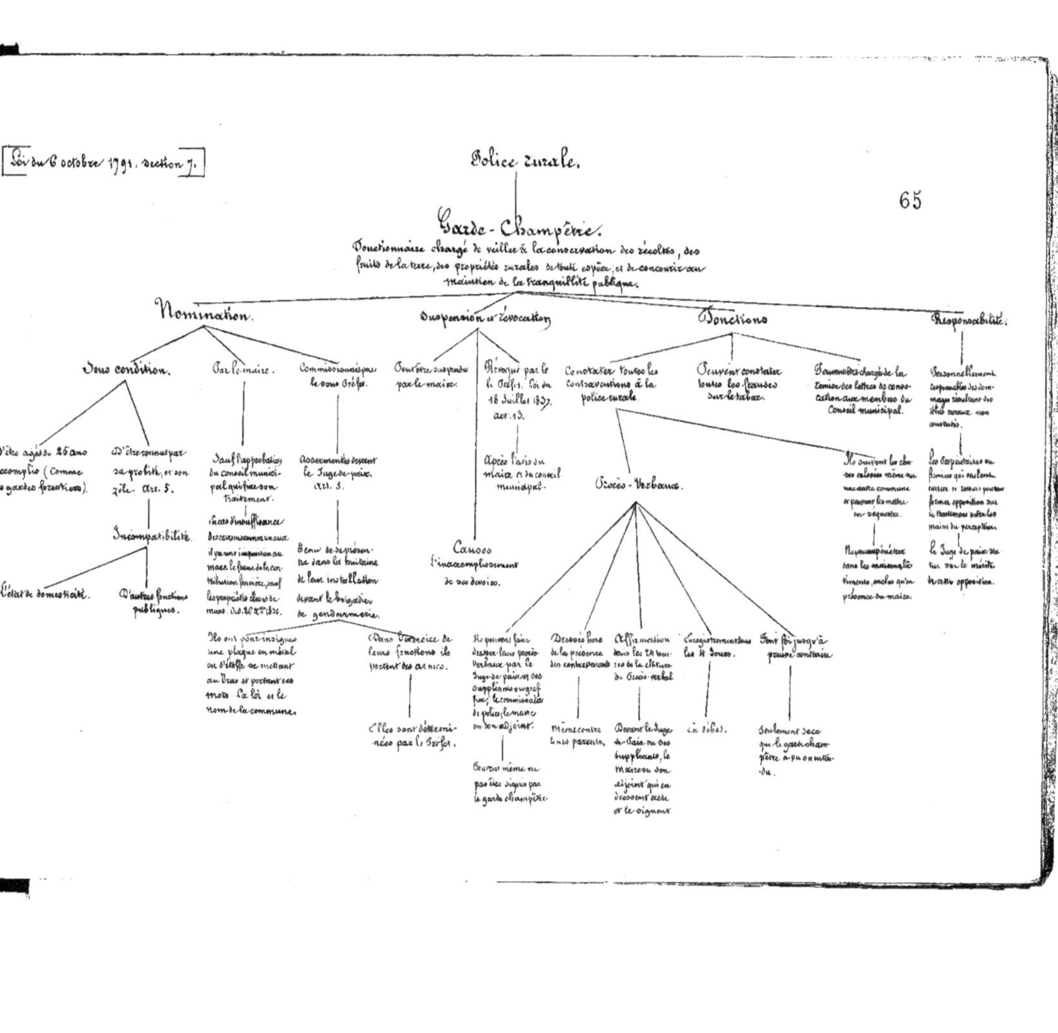
Loi du 6 octobre 1791. section 7.
Police rurale.
Garde-Champêtre.
Fonctionnaire chargé de veiller à la conservation des récoltes, des fruits de la terre, des propriétés rurales de toute espèce, et de concourir au maintien de la tranquillité publique.
Nomination.
Sous condition.
D'être âgés de 25 ans accomplis (Comme les gardes forestiers).
D'être connus par sa probité, et son zèle. Art. 5.
Incompatibilité.
L'état de domesticité.
D'autres fonctions publiques.
Par le maire.
Sauf l'approbation du conseil municipal qui fixe son traitement.
En cas d'insuffisance des revenus communaux il y a une imposition au marc le franc de la contribution foncière, sauf les propriétés closes de murs. Ord. 26 Xbre 1830.
Commissionnés par le sous Préfet.
Assermentés devant le Juge de paix. Art. 5.
Tenu de se présenter dans la huitaine de leur installation devant le brigadier de gendarmerie.
Ils ont pour insignes une plaque en métal ou d'étoffe se mettant au bras et portant ces mots La loi et le nom de la commune.
Dans l'exercice de leurs fonctions ils portent des armes.
Elles sont déterminées par le Préfet.
Suspension et révocation
Peut être suspendu par le maire.
Révoqué par le Préfet. Loi du 18 Juillet 1837. art. 13.
Après l'avis du maire et du conseil municipal.
Causes
L'inaccomplissement de ses devoirs.
Fonctions
Constater toutes les contraventions à la police rurale.
Procès-Verbaux.
Ils peuvent faire dresser leurs procès-verbaux par le Juge de paix et ses suppléants ou greffier, le commissaire de police, le maire ou son adjoint.
Peuvent même ne pas être signés par le garde champêtre
Dressés hors de la présence des contrevenants
Même contre leurs parents.
Affirmation dans les 24 heures de la clôture du Procès-verbal
Devant le Juge de Paix ou ses suppléants, le Maire ou son adjoint qui en dressent acte et le signent
Enregistrement dans les 4 jours.
en débet.
Font foi jusqu'à preuve contraire
Seulement de ce que le garde champêtre a vu ou entendu.
Ils suivent les choses enlevées même en une autre commune et peuvent les mettre en séquestre.
Ne peuvent pénétrer dans les maisons, bâtiments, enclos qu'en présence du maire.
Peuvent constater toutes les fraudes sur le tabac.
Peuvent être chargés de la remise des lettres de convocation aux membres du Conseil municipal.
Responsabilité.
Personnellement responsables des dommages résultant des délits ruraux non constatés.
Les propriétaires ou fermiers qui veulent exercer ce recours peuvent former opposition sur le traitement entre les mains du percepteur.
Le Juge de paix statue sur le mérite de cette opposition.

Police rurale.

- **Ban des vendanges.** (Loi du 6 8bre 1791, section V, art. 2.)
  - Par arrêté du maire, sur l'avis du conseil municipal, et de quatre vignerons au moins qui visitent les vignes.
    - S'il y a réclamation, elle est jugée par le préfet.
    - Il est obligatoire pour tous, les propriétés non closes.
    - Les contraventions sont constatées par le garde-champêtre.
  - La vendange ne peut le précéder, mais elle peut être retardée aux risques du propriétaire.
  - La vendange ne peut se faire avant ni après le coucher du soleil.
- **Échenillage.** (Loi du 26 ventôse an IV.)
  - Il est rappelé par le Préfet ou par les maires.
  - Il doit avoir lieu avant le 20 février de chaque année.
    - Faute par les propriétaires ou fermiers de le faire, il a lieu à leurs frais par les soins du maire. (Article 7.)
      - Les dépenses sont rendues exécutoires par le Juge de paix sur la quittance de l'ouvrier. (Art. 7.)
      - Les contraventions sont constatées par le maire, le garde-champêtre ou la gendarmerie.
        - Elles entraînent une amende de la valeur de 3 à 10 journées de travail.
    - Il est à la charge du propriétaire même non habitant la commune.
    - Les bourses et les toiles doivent être brûlées à plus de 10 mètres des maisons et des objets combustibles. (Art. 2.)
- **1° Glanage. 2° Râtelage. 3° Grapillage.**
  - 1° L'action de ramasser après l'enlèvement de la moisson les épis épars sur le sol.
  - 2° L'action de ramasser avec un râteau après l'enlèvement de la récolte les brins de foin laissés dans les prairies.
  - 3° L'action de cueillir les grappes que les vendangeurs n'ont pas aperçues.

  C'est le patrimoine du pauvre.
    - Il est restreint aux vieillards pauvres, aux infirmes, aux femmes, et petits enfants.
    - Il n'a lieu qu'après l'entier enlèvement de la récolte.
      - Le propriétaire a le droit, avant l'entier enlèvement de la récolte, de faire ramasser les épis. (Cour de cassation, 28 Janvier 1820.)
        - Ce droit ne lui donne pas le droit d'y introduire son troupeau. (Cour de cassation, 19 8bre 1836.)
          - Il ne le peut que 2 jours après la récolte. (Loi du 6 8bre 1791, art. 22.)
      - Il n'a lieu ni avant le lever, ni après le coucher du soleil. (Code pénal, 471.)
      - La loi de 1791 ne parlant pas du chaumage, ne reconnaît pas ce droit-là.
        - Quand un propriétaire consent à ce que les pauvres recueillent le chaume, c'est au maire de fixer l'époque où l'on pourra exercer cet enlèvement.
    - Il est interdit dans tout enclos.
- **Pigeons en colombiers.** (Décret du 4 août 1789.)
  - Les pigeons doivent être renfermés aux époques fixées par le maire.
    - Pendant le temps des semailles.
      - Le propriétaire contrevenant peut être poursuivi en simple police. (Cour de cassation, 5 Xbre 1834.)
    - Ceux qui n'ont pas été renfermés sont considérés comme gibier et chacun a le droit de les tuer sur son terrain.
  - S'il n'existe pas d'arrêté, le propriétaire du champ que les pigeons dévastent, a le droit de les tuer sur place, mais non de les enlever.
    - C'est à lui d'établir qu'ils lui causaient du dommage.

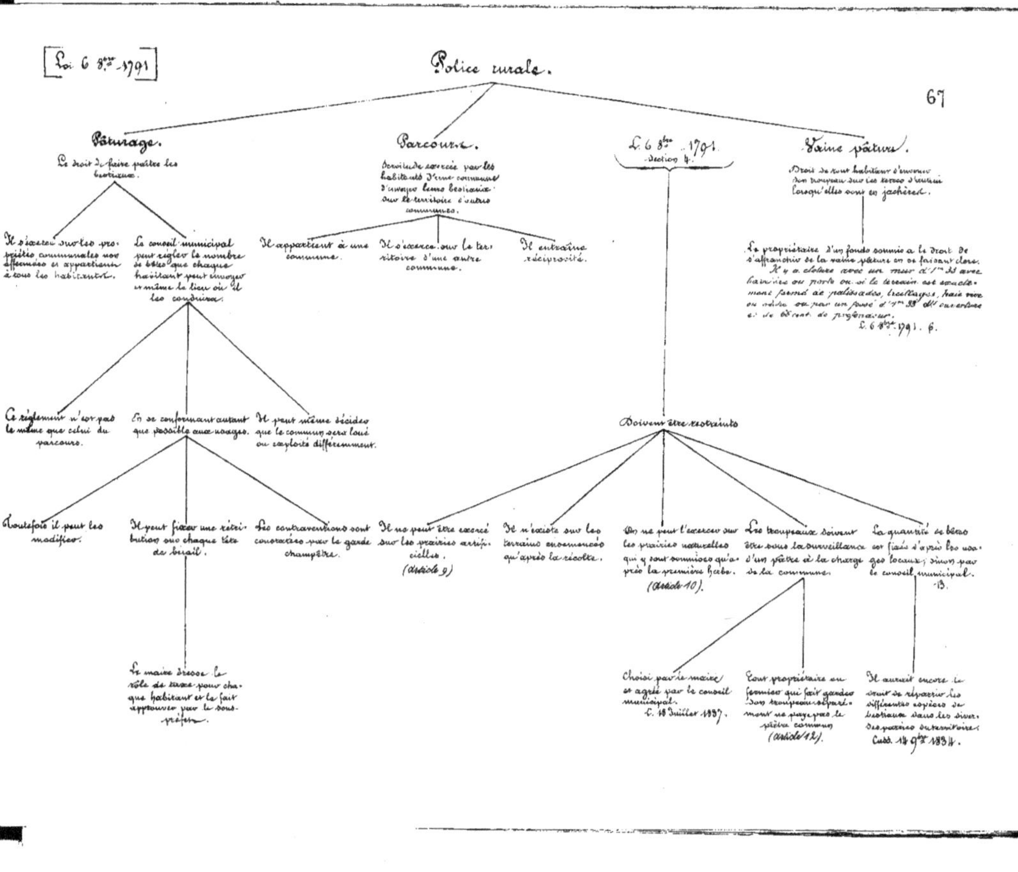
[Loi 6 8bre 1791]
Police rurale.
Pâturage.
Le droit de faire paître les bestiaux.
Il s'exerce sur les propriétés communales non affermées et appartenant à tous les habitants.
Le conseil municipal peut régler le nombre de bêtes que chaque habitant peut envoyer et même le lieu où il les conduira.
Ce règlement n'est pas le même que celui du parcours.
En se conformant autant que possible aux usages.
Il peut même décider que le commun sera loué ou exploité différemment.
Toutefois il peut les modifier.
Il peut fixer une rétribution sur chaque tête de bétail.
Les contraventions sont constatées par le garde champêtre.
Le maire dresse le rôle de taxe pour chaque habitant et le fait approuver par le sous-préfet.
Parcours.
Servitude exercée par les habitants d'une commune d'envoyer leurs bestiaux sur le territoire d'autres communes.
Il appartient à une commune.
Il s'exerce sur le territoire d'une autre commune.
Il entraîne réciprocité.
L. 6 8bre 1791. Section 4.
Doivent être restreints
Il ne peut être exercé sur les prairies artificielles. (Article 9)
Il n'existe sur les terrains ensemencés qu'après la récolte.
On ne peut l'exercer sur les prairies naturelles qui y sont soumises qu'après la première herbe. (Article 10).
Les troupeaux doivent être sous la surveillance d'un pâtre à la charge de la commune.
Choisi par le maire et agréé par le conseil municipal. L. 18 Juillet 1837.
Tout propriétaire ou fermier qui fait garder son troupeau séparément ne paye pas le pâtre commun (Article 12).
La quantité de bêtes est fixée d'après les usages locaux, sinon par le conseil municipal. 13.
Il aurait encore le droit de répartir les différentes espèces de bestiaux dans les diverses parties du territoire. Cass. 14 9bre 1834.
Vaine pâture.
Droit de tout habitant d'envoyer son troupeau sur les terres d'autrui lorsqu'elles sont en jachères.
Le propriétaire d'un fonds soumis à ce droit de s'affranchir de la vaine pâture en se faisant clore.
Il y a clôture avec un mur d'1m 33 avec barrières ou porte ou si le terrain est exactement fermé de palissades, treillages, haie vive ou sèche ou par un fossé d'1m 33 de ouverture et de 66 cent. de profondeur.
L. 6 8bre 1791. 6.

Loi du 21 Mai 1827
Ordonnance du 1er Août 1827. art. 128 et suiv.

Police municipale

Forestière des bois communaux

Ils sont soumis au régime forestier.

- **Exceptions**
  - Les buissons et les arbres épars sur les terres communales
    - A moins qu'ils ne puissent se rattacher à un bois voisin
  - Les arbres plantés sur les chemins places et promenades.
  - Les préfets accordent les autorisations pour les abattre et les vendre.
    - Après s'être assurés que les arbres sont arrivés à maturité ou qu'ils dépérissent
    - ils imposent l'obligation de prélever sur le prix, comme nécessaire pour le remplacement des arbres abattus.
- **Action de l'administration**
  - L'administration forestière dresse contradictoirement avec le maire un état général des bois susceptibles d'aménagement. Ord. art. 128
  - S'il y a réclamation
    - Le Préfet fait délibérer le cons. municipal.
    - Le préfet transmet le tout avec son avis au Ministre des finances sur le rapport duquel il est statué par ordonnance royale.
- **Gestion.**
  - Les règles pour les délimitations, bornage et arpentage, des bois de l'état leur sont applicables. Ord. 129
  - Il est défendu aux communes de défricher leurs bois. 92.
    - Les coupes extraordinaires ne peuv. être faites que sur une demande motivée du cons. municipal et après ordonnance du roi
- **des Gardes**
  - Choisis par le maire sauf l'approbation du cons. municipal
    - Agréés par l'administration forestière qui leur délivre la commission
      - Assimilés aux gardes forestiers
        - Prête serment au tribunal civil
        - Soumis à l'autorité des agents forestiers
          - ils peuvent être
            - Suspendus par l'administration forestière
            - destitués par le Préfet.
        - Leurs procès-verbaux font foi jusqu'à preuve contraire.
          - Responsables des délits non constatés
    - En cas de dissentiment le préfet prononce
      - A défaut par le maire de faire ce choix dans le mois de la vacance de l'emploi. Le Préfet y pourvoit sur la demande de l'administration
  - Peut être chargés de la garde des bois de plusieurs communes dans le même canton
    - Leur salaire est réglé par le Préfet sur la proposition du cons. municipal.
- **Affouages** { Le bois accordé aux habit. pour servir soit à leur chauffage, soit à leurs constructions
  - Réglés par les
    - Agents forestiers
      - Pour les bois soumis au régime forestier.
        - La délivrance en est faite par un entrepreneur spécial agréé par l'administration
          - Sur la représentation de la quittance de la taxe, et des [illegible] appose au dos de la quittance.
        - Pour payer la valeur des bois à délivrer à l'affouagiste il y est procédé par un agent forestier nommé par le préfet en présence d'un expert choisi par l'affouagiste. S'il y a partage le président du trib. nomme un tiers expert.
    - Conseils municipaux
      - Pour les bois qui n'y sont pas soumis.
        - La délibération du conseil municipal est
          - Adressée au Préfet qui en donne récépissé
            - Elle peut être annulée.
              - Pour violation d'une disposition de la loi ou d'un règlement général.
              - sur la réclamation d'une partie intéressée.
          - Exécutoire si elle n'a pas été annullée dans les 30 j. du récépissé.
            - Ce délai peut être prorogé de 30 autres jours. L. 21 Mars art. 8
            - Le maire doit rendre compte au préfet de la manière dont la délivrance a été opérée.
  - sous la condition
    - de payer les frais occasionnés par la coupe. Ils sont prélevés sur son produit
      - L'enlèvement du bois d'affouage a lieu en présence des gardes
        - L'enlèvement furtif est poursuivi comme en matière forestière.
    - quelquefois de verser une somme à la caisse municipale.
      - Le rôle en est rédigé à l'avance et soumis à l'approbation du Préfet.

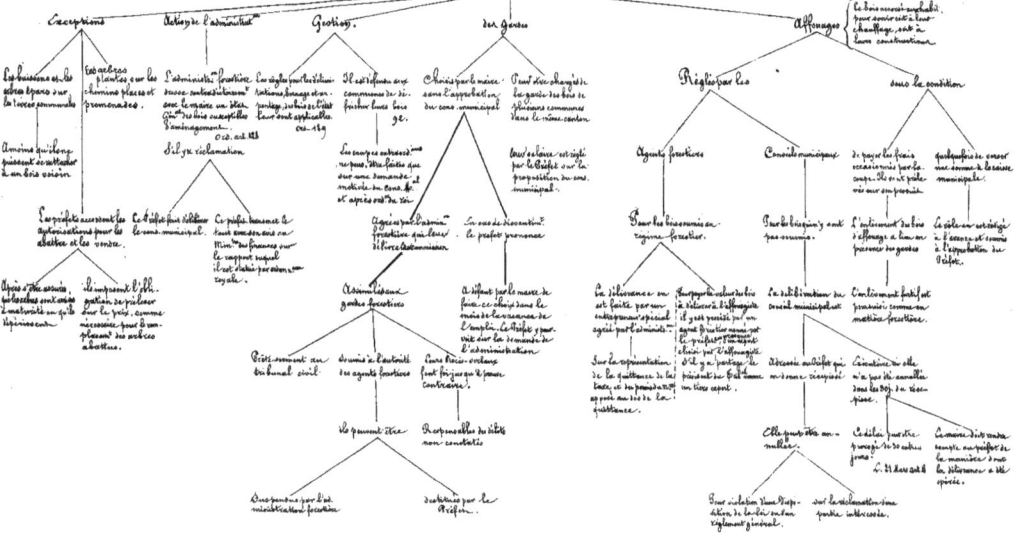

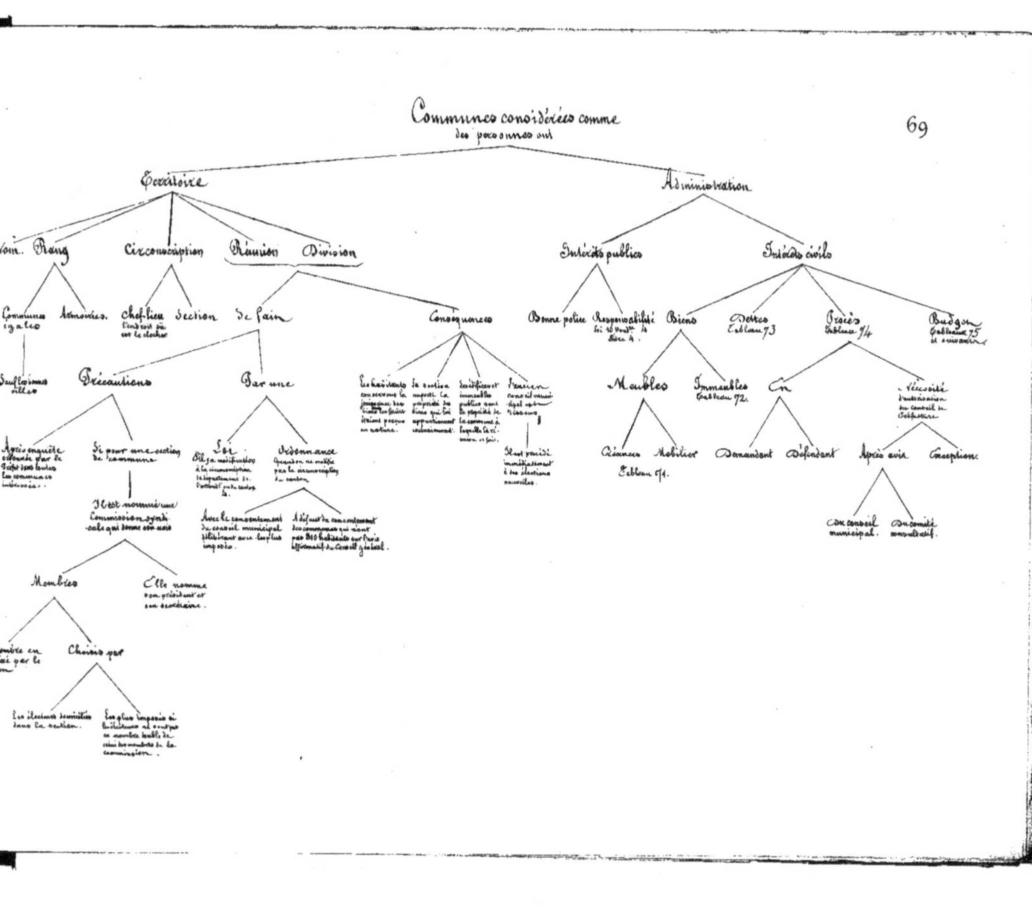
Communes considérées comme des personnes civiles
Territoire
Nom.
Rang
Communes égales
Armoiries.
Circonscription
Chef-lieu
l'endroit où est le clocher
Section
Réunion
Division
De fait
Précautions
Après enquête ordonnée par le Préfet dans toutes les communes intéressées.
Si pour une section de commune
Il est nommé une Commission syndicale qui donne son avis
Membres
Elle nomme son président et son secrétaire.
Choisis par
Les électeurs domiciliés dans la section.
Par une
Loi
Ordonnance
Avec le consentement du conseil municipal délibérant avec les plus imposés.
Conséquences
Administration
Intérêts publics
Bonne police
Responsabilité
Intérêts civils
Biens
Meubles
Créances
Mobilier
Tableau 71.
Immeubles
Tableau 72.
Dettes
Tableau 73
Procès
Tableau 74
En
Demandant
Défendant
Nécessité d'autorisation du conseil de Préfecture
Après avis
Du conseil municipal.
Du comité consultatif.
Exception.
Budget
Tableaux 75 et suivants

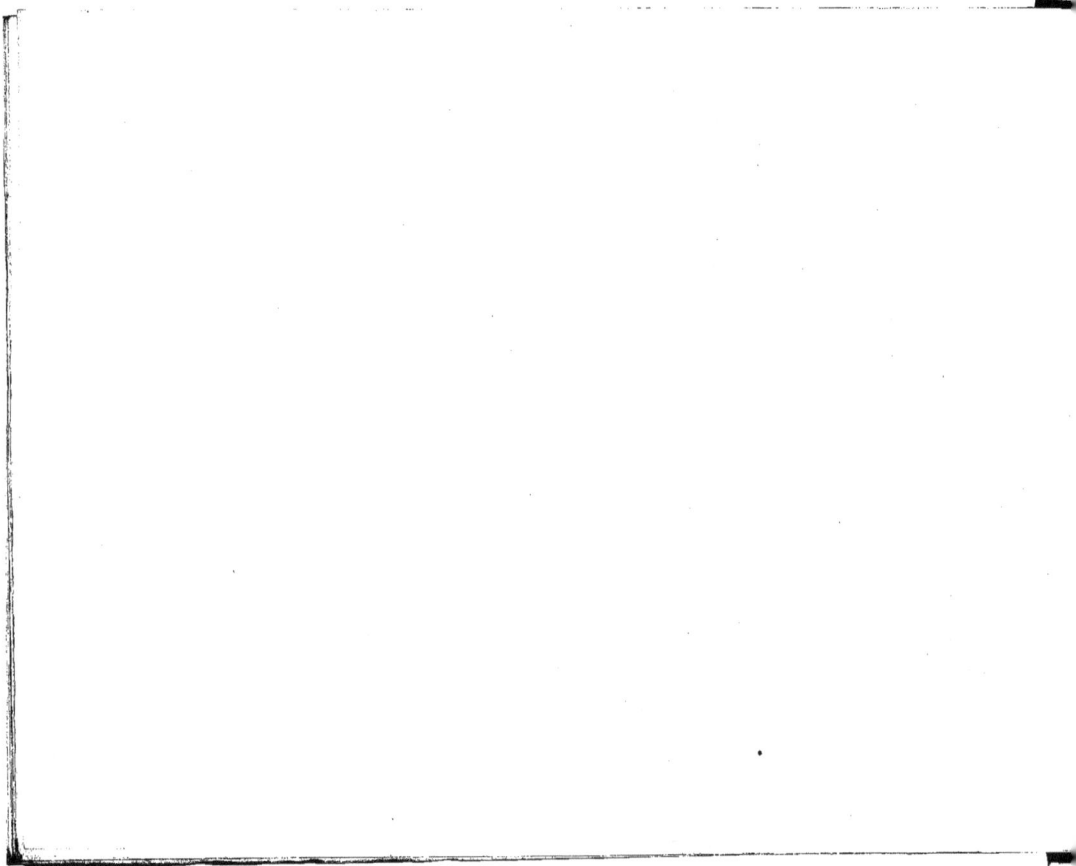

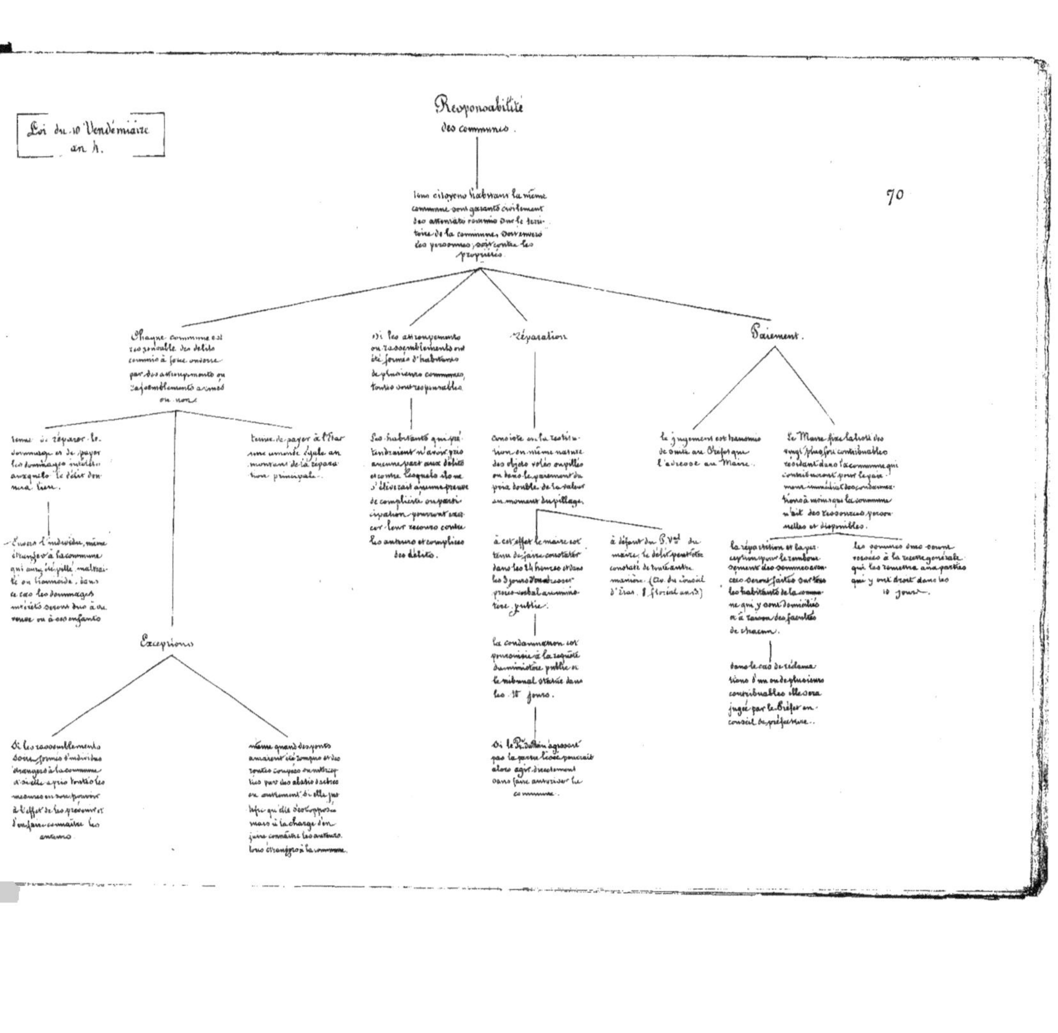
Loi du 10 Vendémiaire an 4.
Responsabilité des communes.
Tous citoyens habitant la même commune sont garants civilement des attentats commis sur le territoire de la commune, soit envers les personnes, soit contre les propriétés.
Chaque commune est responsable des délits commis à force ouverte par des attroupements ou rassemblements armés ou non.
Si les attroupements ou rassemblements ont été formés d'habitants de plusieurs communes, toutes sont responsables.
Réparation
Paiement.
Tenue de réparer le dommage et de payer les dommages intérêts auxquels le délit donnera lieu.
Envers l'individu, même étranger à la commune qui aura été pillé, maltraité ou homicidé. Dans ce cas les dommages intérêts seront dus à sa veuve ou à ses enfants
Tenue de payer à l'État une amende égale au montant de la réparation principale.
Les habitants qui prétendraient n'avoir pris aucune part aux délits et contre lesquels il ne s'élèverait aucune preuve de complicité ou participation pourront exercer leur recours contre les auteurs et complices des délits.
Consiste en la restitution en même nature des objets volés ou pillés ou dans le paiement du prix double de la valeur au moment du pillage.
à cet effet le maire est tenu de faire constater dans les 24 heures et dans les 3 jours d'en adresser procès-verbal au ministère public.
à défaut du P. Val du maire, le délit peut être constaté de toute autre manière. (Av. du conseil d'État, 8 floréal an 13)
La condamnation est prononcée à la requête du ministère public et le tribunal statue dans les 10 jours.
Si le Procureur n'agissait pas la partie lésée pourrait alors agir directement sans faire autoriser la commune.
Le jugement est transmis de suite au Préfet qui l'adresse au Maire.
Le Maire fixe la liste des vingt plus forts contribuables résidant dans la commune qui contribueront pour le paiement immédiat des condamnations à moins que la commune n'ait des ressources personnelles et disponibles.
La répartition et la perception pour le remboursement des sommes avancées seront faites sur tous les habitants de la commune qui y sont domiciliés et à raison des facultés de chacun.
Les sommes sont versées à la recette générale qui les remettra aux parties qui y ont droit dans les 10 jours.
Dans le cas de réclamations d'un ou de plusieurs contribuables elle sera jugée par le Préfet en conseil de préfecture.
Exceptions
Si les rassemblements sont formés d'individus étrangers à la commune et si elle a pris toutes les mesures en son pouvoir à l'effet de les prévenir et d'en faire connaître les auteurs
Même quand des ponts auraient été rompus et des routes coupées ou interceptées par des abatis d'arbres ou autrement si elle justifie qu'elle s'est opposée mais à la charge d'en faire connaître les auteurs tous étrangers à la commune.

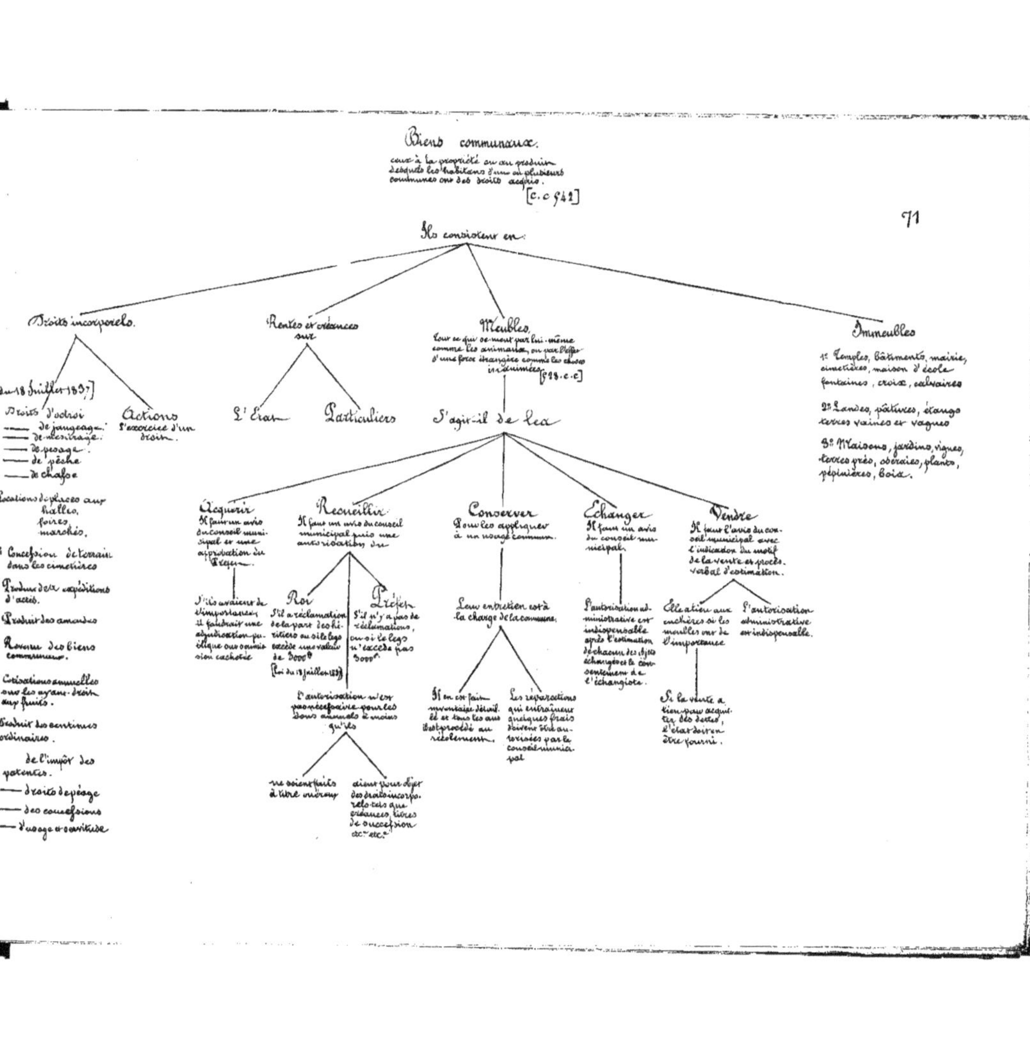
Biens communaux.
ceux à la propriété ou au produit desquels les habitans d'une ou plusieurs communes ont des droits acquis.
[C. C 542]
Ils consistent en:
Droits incorporels.
[Loi du 18 Juillet 1837]
1° Droits d'octroi
— de jaugeage.
— de mesurage.
— de pesage.
— de pêche
— de chasse
2° Locations de places aux halles, foires, marchés.
3° Concession de terrain dans les cimetières
4° Produit des expéditions d'actes.
5° Produit des amendes
6° Revenu des biens communaux.
7° Cotisations annuelles sur les ayant-droit aux fruits.
8° Produit des centimes ordinaires.
9° de l'impôt des patentes.
10° — droits de péage
11° — des concessions
12° — d'usage et servitude
Actions
L'exercice d'un droit.
Rentes et créances sur
L'État
Particuliers
Meubles.
Tout ce qui se meut par lui-même comme les animaux, ou par l'effet d'une force étrangère comme les choses inanimées.
[528. C. C]
S'agit-il de les
Acquérir
Il faut un avis du conseil municipal et une approbation du Préfet.
S'ils avaient de l'importance, il faudrait une adjudication publique ou soumission cachetée
Recueillir
Il faut un avis du conseil municipal puis une autorisation du
Roi
S'il a réclamation de la part des héritiers ou si le legs excède une valeur de 3000f
[Loi du 18 juillet 1837]
Préfet
S'il n'y a pas de réclamations, ou si le legs n'excède pas 3000f.
L'autorisation n'est pas nécessaire pour les dons annuels à moins qu'ils
ne soient faits à titre onéreux
aient pour objet des droits incorporels tels que créances, titres de succession etc. etc.
Conserver
Pour les appliquer à un usage commun.
Leur entretien est à la charge de la commune.
Il en est fait inventaire détaillé et tous les ans il est procédé au récolement.
Les réparations qui entraînent quelques frais doivent être autorisées par le conseil municipal
Echanger
Il faut un avis du conseil municipal.
L'autorisation administrative est indispensable après l'estimation de chacun des objets échangés et le consentement de l'échangiste.
Vendre
Il faut l'avis du conseil municipal avec l'indication du motif de la vente et procès-verbal d'estimation.
Elle a lieu aux enchères si les meubles ont de l'importance
Si la vente a lieu pour acquitter des dettes, l'état doit en être fourni.
L'autorisation administrative est indispensable.
Immeubles
1° Temples, bâtiments, mairie, cimetières, maison d'école fontaines, croix, calvaires
2° Landes, pâtures, étangs terres vaines et vagues
3° Maisons, jardins, vignes, terres prés, oseraies, plants, pépinières, Bois.

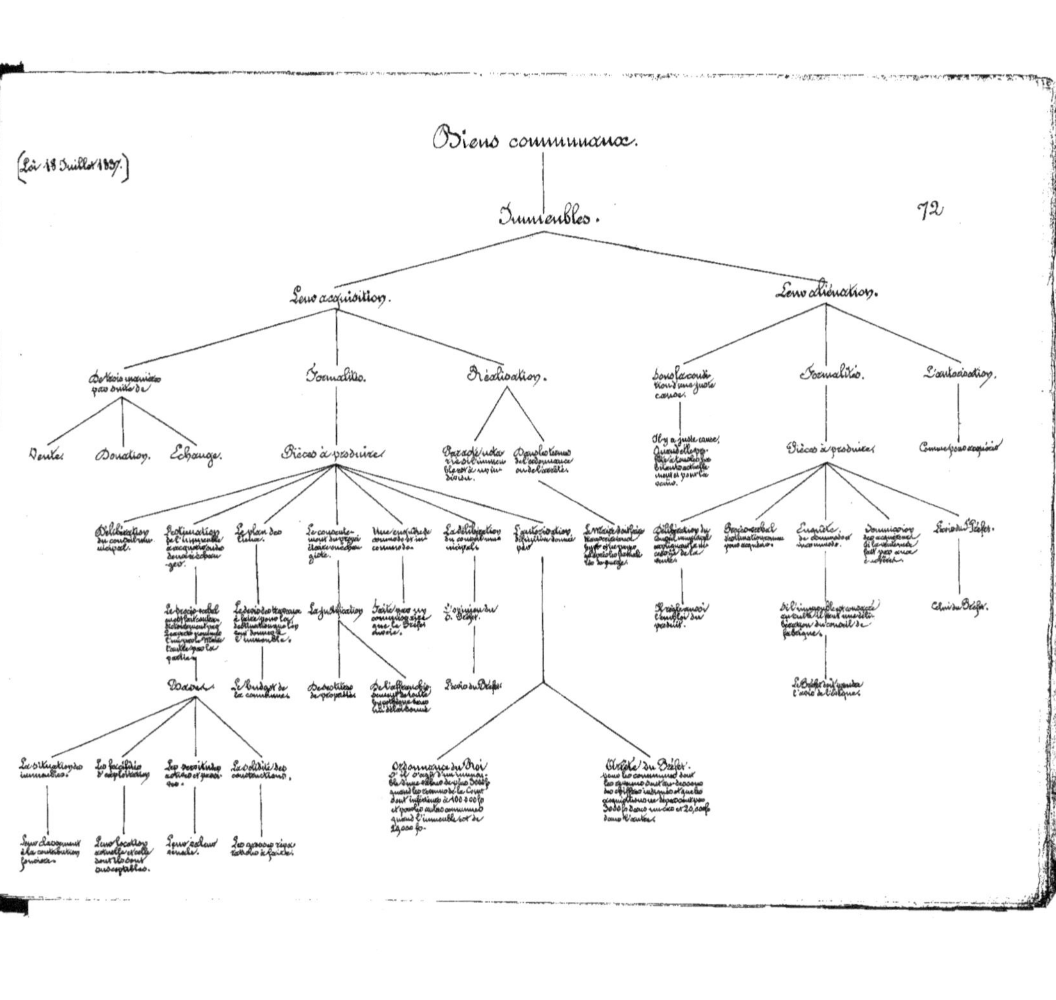

Biens communaux.
[Loi 18 Juillet 1837.]
Immeubles.
72
Leur acquisition.
Formalités.
Réalisation.
Vente.
Donation.
Echange.
Pièces à produire.
Délibération du conseil municipal.
Le plan des lieux.
La justification
Le budget de la commune.
L'opinion du S. Préfet.
Ordonnance du Roi
Arrêté du Préfet.
Leur aliénation.
Formalités.
L'autorisation.
Il y a juste cause,
Pièces à produire.
Comme pour acquérir.
Enquête de commodo et incommodo.
Celui du Préfet.

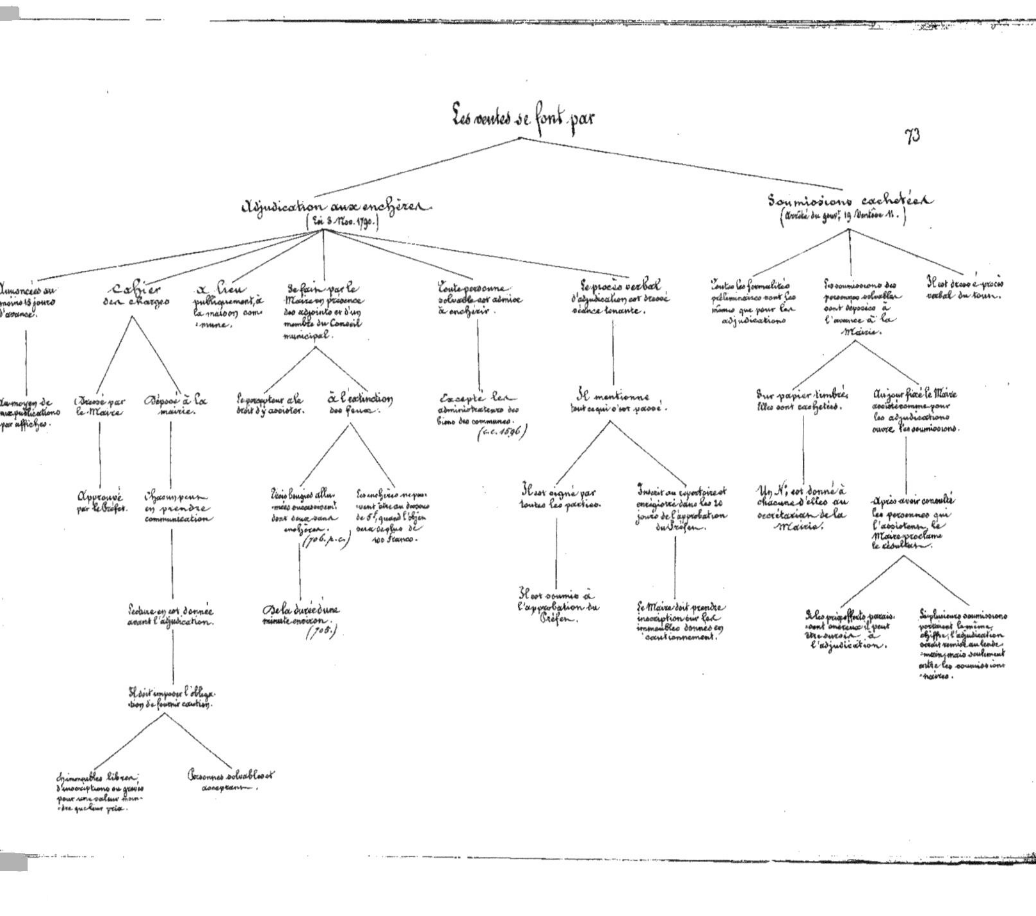

Les ventes se font par
Adjudication aux enchères
(Loi 5 Nov. 1790.)
Soumissions cachetées
Annoncées au moins 15 jours d'avance.
Au moyen de deux publications par affiches.
Cahier des charges
Dressé par le Maire
Approuvé par le Préfet.
Déposé à la mairie.
Chacun peut en prendre communication
Lecture en est donnée avant l'adjudication.
Il doit imposer l'obligation de fournir caution.
Personnes solvables et acceptées.
Se fait par le Maire en présence des adjoints et d'un membre du Conseil municipal.
Le percepteur a le droit d'y assister.
à l'extinction des feux.
(706. p. c.)
De la durée d'une minute environ.
(706.)
Toute personne solvable est admise à enchérir.
Excepté les administrateurs des biens des communes.
(c. c. 1596)
Le procès verbal d'adjudication est dressé séance tenante.
Il mentionne tout ce qui s'est passé.
Il est signé par toutes les parties.
Il est soumis à l'approbation du Préfet.
Le Maire doit prendre inscription sur les immeubles donnés en cautionnement.
Toutes les formalités préliminaires sont les mêmes que pour les adjudications
Les soumissions des personnes solvables sont déposées à l'avance à la Mairie.
Sur papier timbré elles sont cachetées.
Un N°. est donné à chacune d'elles au secrétariat de la Mairie.
Au jour fixé le Maire assisté comme pour les adjudications ouvre les soumissions.
Après avoir consulté les personnes qui l'assistent, le Maire proclame le résultat.
l'adjudication.
Il est dressé procès verbal du tout.

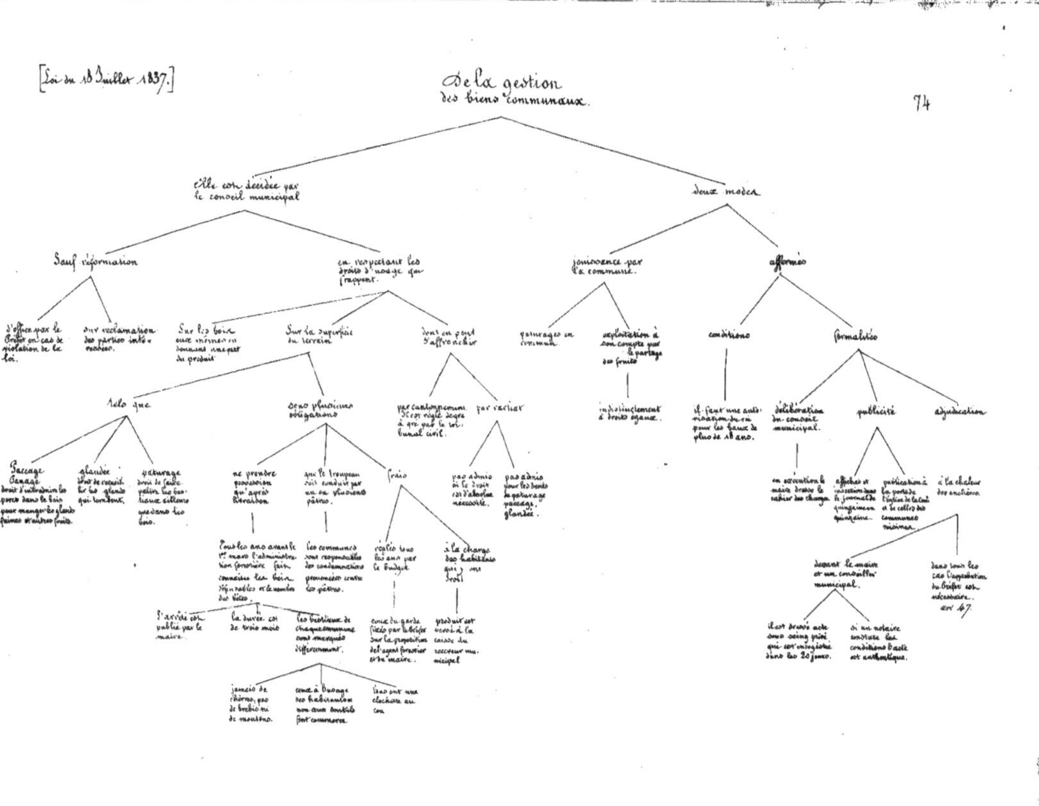

[Loi du 18 Juillet 1837.]
De la gestion des biens communaux.
74
Elle est décidée par le conseil municipal
Sauf réformation
d'office par le Préfet en cas de violation de la loi.
sur réclamation des parties intéressées.
en respectant les droits d'usage qui frappent.
Sur les bois eux mêmes en donnant une part du produit
Sur la superficie du terrain
tels que
Paccage
Panage
droit d'introduire les porcs dans le bois pour manger les glands faines et autres fruits.
glandée
droit de recueillir les glands qui tombent.
pâturage
droit de faire paître les bestiaux ailleurs que dans les bois.
sous plusieurs obligations
ne prendre possession qu'après délivrance
Tous les ans avant le 1er mars l'administration forestière fait connaître les bois défensables et le nombre des bêtes.
l'arrêté est publié par le maire.
la durée est de trois mois
les bestiaux de chaque commune sont marqués différemment.
jamais de chèvres, pas de brebis ni de moutons.
que le troupeau soit conduit par un ou plusieurs pâtres.
les communes sont responsables des condamnations prononcées contre les pâtres.
frais
réglés tous les ans par le budget
à la charge des habitants qui y ont droit
produit est versé à la caisse du receveur municipal
dont on peut s'affranchir
par cantonnement. Il est réglé de gré à gré par le tribunal civil.
par rachat
pas admis si le droit est d'absolue nécessité.
pas admis pour les droits de pâturage paccage, glandée.
deux modes
jouissance par la commune.
pâturages en commun.
exploitation à son compte par le partage des fruits
indistinctement à droits égaux.
affermés
conditions
il faut une autorisation du roi pour les baux de plus de 18 ans.
formalités
délibération du conseil municipal.
en exécution le maire dresse le cahier des charges.
publicité
affiches et insertion dans le journal de quinzaine en quinzaine.
publication à la porte de l'église de la commune et de celles des communes voisines.
adjudication
à la chaleur des enchères
devant le maire et un conseiller municipal.
il est dressé acte sous seing privé qui est enregistré dans les 20 jours.
si un notaire constate les conditions l'acte est authentique.
dans tous les cas l'approbation du Préfet est nécessaire.
art 47.

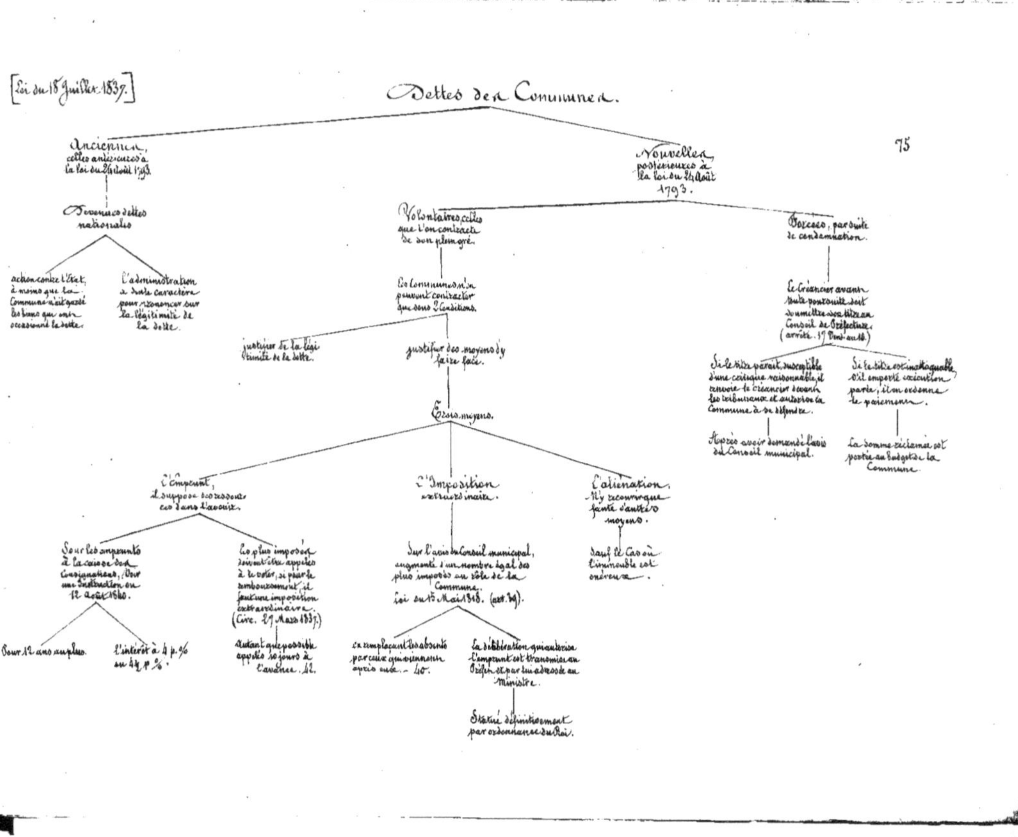
[Loi du 18 Juillet 1837.]
Dettes des Communes.
Anciennes, celles antérieures à la loi du 24 Août 1793.
Devenues dettes nationales
action contre l'État, à moins que la Commune n'ait gardé les biens qui ont occasionné la dette.
L'administration a seule caractère pour prononcer sur la légitimité de la dette.
Nouvelles, postérieures à la loi du 24 Août 1793.
Volontaires, celles que l'on contracte de son plein gré.
Les Communes n'en peuvent contracter que sous 2 conditions.
justifier de la légitimité de la dette.
justifier des moyens d'y faire face.
Trois moyens.
L'Emprunt, il suppose des ressources dans l'avenir.
Pour les emprunts à la caisse des Consignations, voir une Instruction du 12 Août 1840.
Pour 12 ans au plus.
L'intérêt à 4 p. % ou 4½ p. %.
Les plus imposés doivent être appelés à le voter, si pour le remboursement il faut une imposition extraordinaire. (Circ. 27 Mars 1837.)
Autant que possible appelés 10 jours à l'avance. 42.
L'Imposition extraordinaire.
Sur l'avis du Conseil municipal, augmenté d'un nombre égal des plus imposés au rôle de la Commune.
Loi du 15 Mai 1818. (art. 39).
en remplaçant les absents par ceux qui viennent après eux. – 40.
La délibération qui autorise l'emprunt est transmise au Préfet et par lui adressée au Ministre.
Statué définitivement par ordonnance du Roi.
L'aliénation. N'y recourir qu'à faute d'autres moyens.
Sauf le cas où l'immeuble est onéreux.
Forcées, par suite de condamnation.
Le Créancier avant toute poursuite doit soumettre son titre au Conseil de Préfecture. (arrêté 17 Vent. an 10.)
Si le titre paraît susceptible d'une critique raisonnable, il renvoie le créancier devant les tribunaux et autorise la Commune à se défendre.
Après avoir demandé l'avis du Conseil municipal.
Si le titre est inattaquable, s'il emporte exécution parée, il en ordonne le paiement.
La somme réclamée est portée au budget de la Commune.

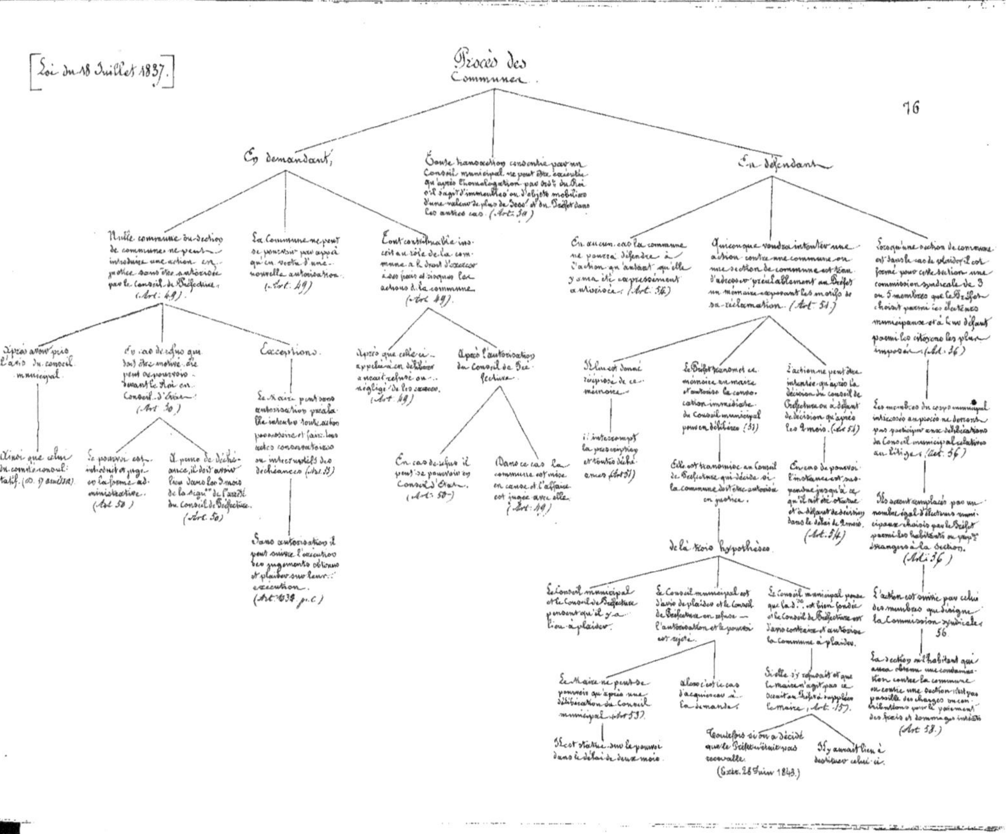
[Loi du 18 Juillet 1837.]
Procès des Communes.
En demandant,
Toute transaction consentie par un Conseil municipal ne peut être exécutée qu'après l'homologation par ord^ce du Roi s'il s'agit d'immeubles ou d'objets mobiliers d'une valeur de plus de 3000^f et du Préfet dans les autres cas. (Art. 59)
En défendant
Nulle commune ou section de commune ne peut introduire une action en justice sans être autorisée par le Conseil de Préfecture. (Art. 49).
La Commune ne peut se pourvoir par appel qu'en vertu d'une nouvelle autorisation. (Art. 49)
Tout contribuable inscrit au rôle de la commune a le droit d'exercer à ses frais et risques les actions de la commune. (Art. 49).
Après avoir pris l'avis du conseil municipal.
En cas de refus qui doit être motivé, il peut se pourvoir devant le Roi en Conseil d'État. (Art. 50)
Exceptions.
Ainsi que celui du comité consultatif. (O. 17 avril 1839)
Le pourvoi est introduit et jugé en la forme administrative. (Art. 50)
A peine de déchéance, il doit avoir lieu dans les 3 mois de la sign^on de l'arrêté du Conseil de Préfecture. (Art. 50)
Le Maire peut sans autorisation préalable intenter toute action possessoire et faire tous actes conservatoires ou interruptifs des déchéances (Art. 55)
Sans autorisation il peut suivre l'exécution des jugements obtenus et plaider sur leur exécution. (Art. 1032 p.c.)
Après que celle-ci appelée à en délibérer aurait refusé ou négligé de les exercer. (Art. 49)
Après l'autorisation du Conseil de Préfecture.
En cas de refus il peut se pourvoir en Conseil d'État. (Art. 50)
Dans ce cas la commune est mise en cause et l'affaire est jugée avec elle. (Art. 49)
En aucun cas la commune ne pourra défendre à l'action qu'autant qu'elle y aura été expressément autorisée. (Art. 54)
Quiconque voudra intenter une action contre une commune ou une section de commune est tenu d'adresser préalablement au Préfet un mémoire exposant les motifs de sa réclamation. (Art. 51.)
Lorsqu'une section de commune est dans le cas de plaider il est formé pour cette section une commission syndicale de 3 ou 5 membres que le Préfet choisit parmi les électeurs municipaux et à leur défaut parmi les citoyens les plus imposés. (Art. 56)
Il lui est donné récépissé de ce mémoire.
Le Préfet transmet ce mémoire au maire et autorise la convocation immédiate du Conseil municipal pour en délibérer (51)
L'action ne peut être intentée qu'après la décision du conseil de Préfecture ou à défaut de décision qu'après les 2 mois. (Art. 51)
Il interrompt la prescription et toutes déchéances (Art. 51)
Elle est transmise au Conseil de Préfecture qui décide si la commune doit être autorisée en justice.
En cas de pourvoi l'instance est suspendue jusqu'à ce qu'il ait été statué et à défaut de décision dans le délai de 2 mois. (Art. 54)
Les membres du corps municipal intéressés au procès ne devront pas participer aux délibérations du Conseil municipal relatives au litige. (Art. 56)
Ils seront remplacés par un nombre égal d'électeurs municipaux choisis par le Préfet parmi les habitants ou prop^res étrangers à la section. (Art. 56)
De là trois hypothèses
Le Conseil municipal et le Conseil de Préfecture pensent qu'il y a lieu à plaider.
Le Conseil municipal est d'avis de plaider et le Conseil de Préfecture en refuse l'autorisation et le pourvoi est rejeté.
Le Conseil municipal pense que la d^de est bien fondée et le Conseil de Préfecture est d'avis contraire et autorise la commune à plaider.
L'action est suivie par celui des membres que désigne la Commission syndicale. 56
Le Maire ne peut se pourvoir qu'après une délibération du Conseil municipal. (Art 53)
Alors c'est le cas d'acquiescer à la demande.
Si elle s'y refusait et que le maire n'agit pas ce serait au Préfet à suppléer le maire. (Art. 15).
La section ou l'habitant qui aura obtenu une condamnation contre la commune ou contre une section n'est pas passible des charges ou contributions pour le paiement des frais et dommages intérêts (Art. 58.)
Il est statué sur le pourvoi dans le délai de deux mois.
Toutefois si on a décidé que le Préfet n'était pas recevable (Extr. 28 Juin 1843.)
Il y aurait lieu à destituer celui-ci.

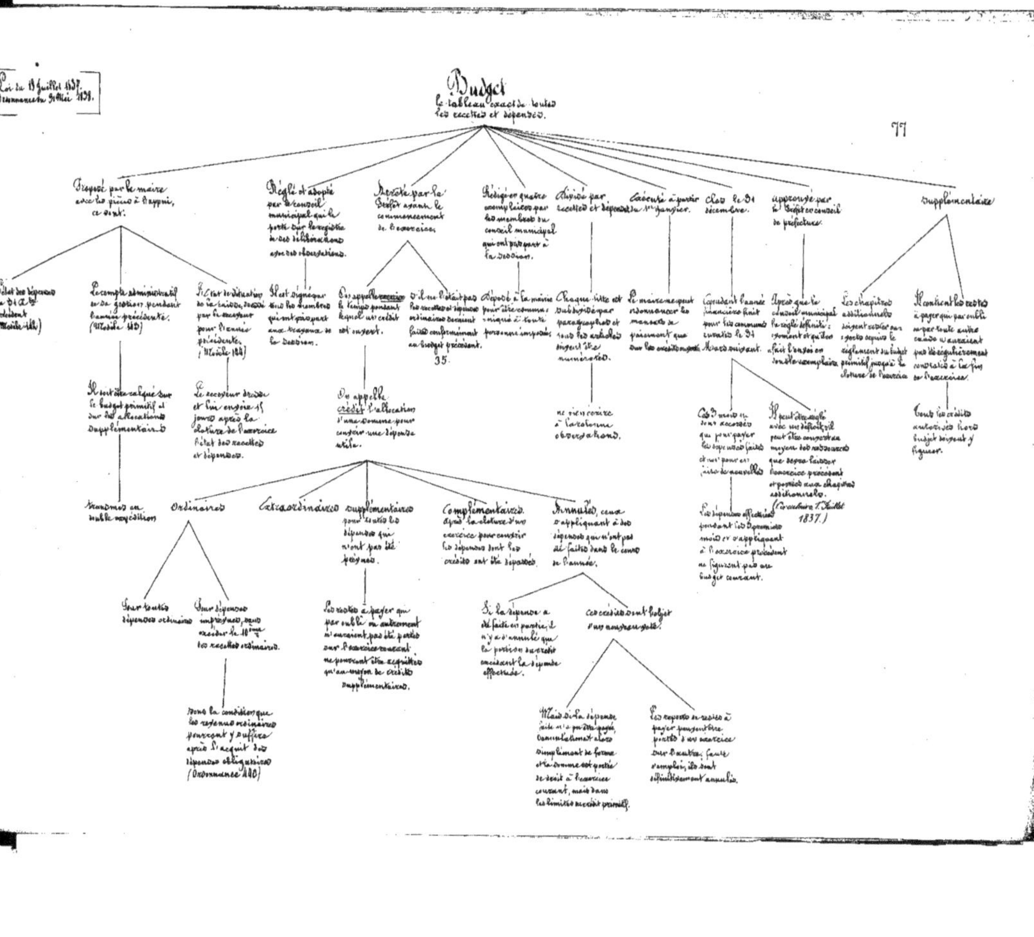

77
Budget
le tableau exact de toutes les recettes et dépenses.
Proposé par le maire avec les pièces à l'appui, ce sont :
Réglé et adopté par le conseil municipal
Arrêté par le Préfet avant le commencement de l'exercice.
Rédigé en quatre exemplaires par les membres du conseil municipal qui ont pris part à la session.
Divisé par recettes et dépenses
Exécuté à partir du 1er janvier.
Clos le 31 décembre.
Approuvé par le Préfet en conseil de préfecture.
Supplémentaire
Le compte administratif et de gestion pendant l'année précédente. (Modèle 143)
Il est signé par tous les membres qui ont pris part aux travaux de la session.
On appelle exercice le temps pendant lequel un crédit est ouvert.
S'il ne l'était pas les recettes et dépenses ordinaires devraient faites conformément au budget précédent.
35.
Dépôt à la mairie pour être communiqué à toute personne imposée.
Chaque titre est subdivisé par paragraphes et tous les articles doivent être numérotés.
Le maire ne peut ordonnancer les mandats de paiement que sur les crédits ouverts.
Cependant l'année financière finit pour les communes le 31 Mars suivant.
Les chapitres additionnels
Il contient les restes à payer
Il doit être calqué sur le budget primitif et sur les allocations supplémentaires
On appelle crédit l'allocation d'une somme pour couvrir une dépense utile.
ne rien écrire à la colonne observations.
Tous les crédits autorisés hors budget doivent y figurer.
Ordinaires
Extraordinaires
Supplémentaires pour toutes les dépenses qui n'ont pas été prévues.
Complémentaires.
Annulés, ceux s'appliquant à des dépenses qui n'ont pas été faites dans le cours de l'année.
Pour toutes dépenses ordinaires
Pour dépenses imprévues, sans excéder le 10me des recettes ordinaires.
sous la condition que les revenus ordinaires pourront y suffire après l'acquit des dépenses obligatoires (Ordonnance 140)
Les restes à payer qui par oubli ou autrement n'auraient pas été portés sur l'exercice courant ne pourront être acquittés qu'au moyen de crédits supplémentaires.
Si la dépense a été faite en partie, il n'y a d'annulé que la portion du crédit excédant la dépense effectuée.
Ces crédits sont l'objet d'un nouveau vote.
(Circulaire 7 Juillet 1837.)

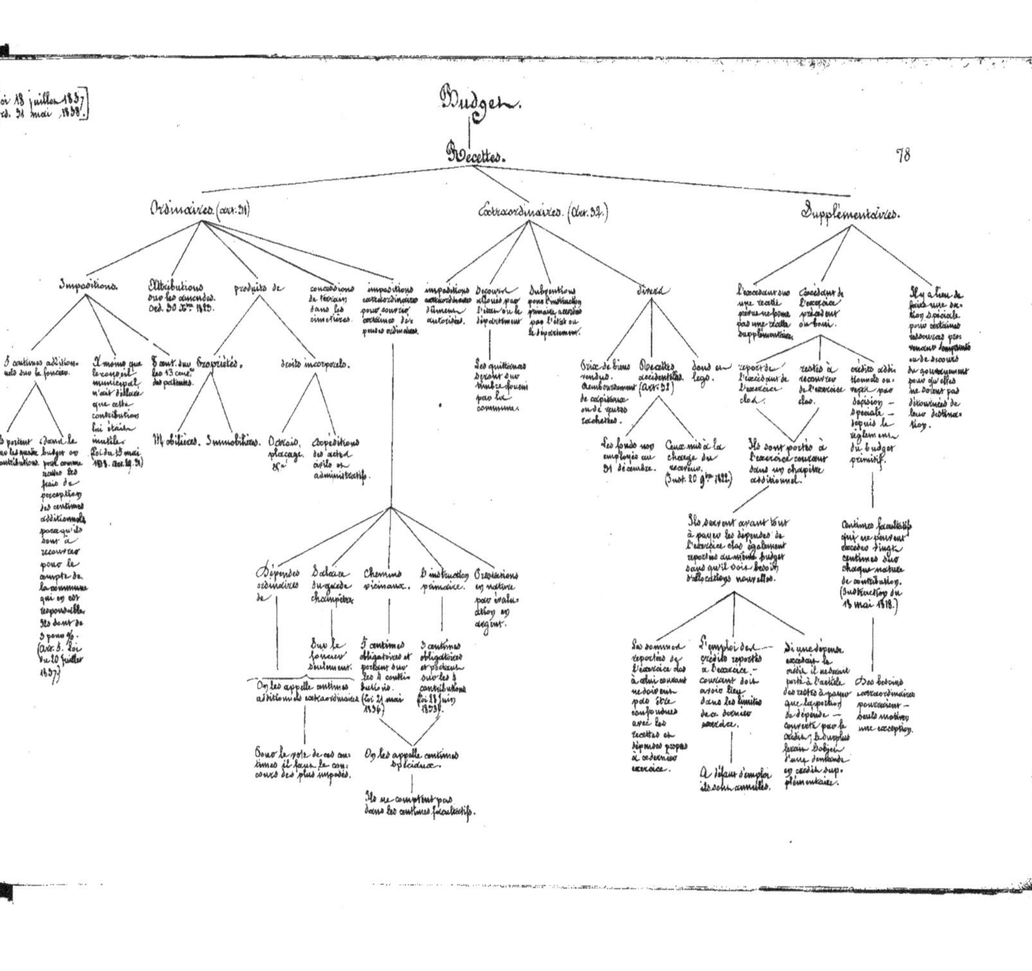

[Loi 18 juillet 1837
Ord. 31 mai 1838.]
Budget.
Recettes.
Ordinaires. (art. 31)
Extraordinaires. (Art. 32.)
Supplémentaires.
Impositions.
Attributions sur les amendes. Ord. 30 Xbre 1823.
produits de
concessions de terrain dans les cimetières.
impositions extraordinaires pour couvrir certaines dépenses ordinaires.
5 centimes additionnels sur le foncier.
A moins que le conseil municipal n'ait déclaré que cette contribution lui était inutile. (Loi du 15 mai 1818. art. 29. 31)
8 cent. sur les 13 cent.es des patentes.
Propriétés.
droits incorporels.
Ils portent sur les quatre contributions.
Dans le budget on peut connaître les frais de perception des centimes additionnels parce qu'ils sont à recouvrer pour le compte de la commune qui en est responsable. Ils sont de 3 pour %. (Art. 5. Loi du 20 juillet 1837)
Mobilières.
Immobilières.
Octrois, placage, &a
Expéditions des actes civils et administratifs.
Dépenses ordinaires de
Salaire du garde champêtre
Chemins vicinaux.
L'instruction primaire.
Prestations en nature par évaluation en argent.
Sur le foncier seulement.
5 centimes obligatoires et portant sur les 4 contributions. (Loi 21 mai 1836)
3 centimes obligatoires et portant sur les 4 contributions (Loi 28 juin 1833).
On les appelle centimes additionnels extraordinaires
Pour le vote de ces centimes il faut le concours des plus imposés.
On les appelle centimes spéciaux.
Ils ne comptent pas dans les centimes facultatifs.
impositions extraordinaires dûment autorisées.
Secours alloués par l'état ou le département
Subventions pour l'instruction primaire accordées par l'état ou le département.
Divers
Les quittances seront sur timbre fourni par la commune.
Prix de biens vendus. Remboursement de capitaux ou de rentes rachetées.
Recettes accidentelles. (Art. 32)
Dons et legs.
Les fonds non employés au 31 décembre.
Ceux mis à la charge du receveur. (Inst. 20 9bre 1822.)
L'excédant sur une recette prévue ne forme pas une recette supplémentaire.
Excédant de l'exercice précédent ou boni.
Il y a lieu de faire une section spéciale pour certaines ressources provenant d'emprunts ou de secours du gouvernement pour qu'elles ne soient pas détournées de leur destination.
report de l'excédant de l'exercice clos.
restes à recouvrer de l'exercice clos.
crédits additionnels ouverts par décision spéciale depuis le règlement du budget primitif.
Ils sont portés à l'exercice courant dans un chapitre additionnel.
Ils servent avant tout à payer les dépenses de l'exercice clos également reportées au même budget sans qu'il soit besoin d'allocations nouvelles.
Centimes facultatifs qui ne peuvent excéder vingt centimes sur chaque nature de contribution. (Instruction du 13 mai 1818.)
Les sommes reportées de l'exercice clos à celui courant ne doivent pas être confondues avec les recettes et dépenses propres à ce dernier exercice.
L'emploi des crédits reportés à l'exercice courant doit avoir lieu dans les limites de ce dernier exercice.
A défaut d'emploi ils sont annulés.
Si une dépense excédait le crédit il ne devait porté à l'article des restes à payer que la portion de dépense couverte par le crédit; le surplus ferait l'objet d'une demande en crédit supplémentaire.
Des besoins extraordinaires pourraient seuls motiver une exception.

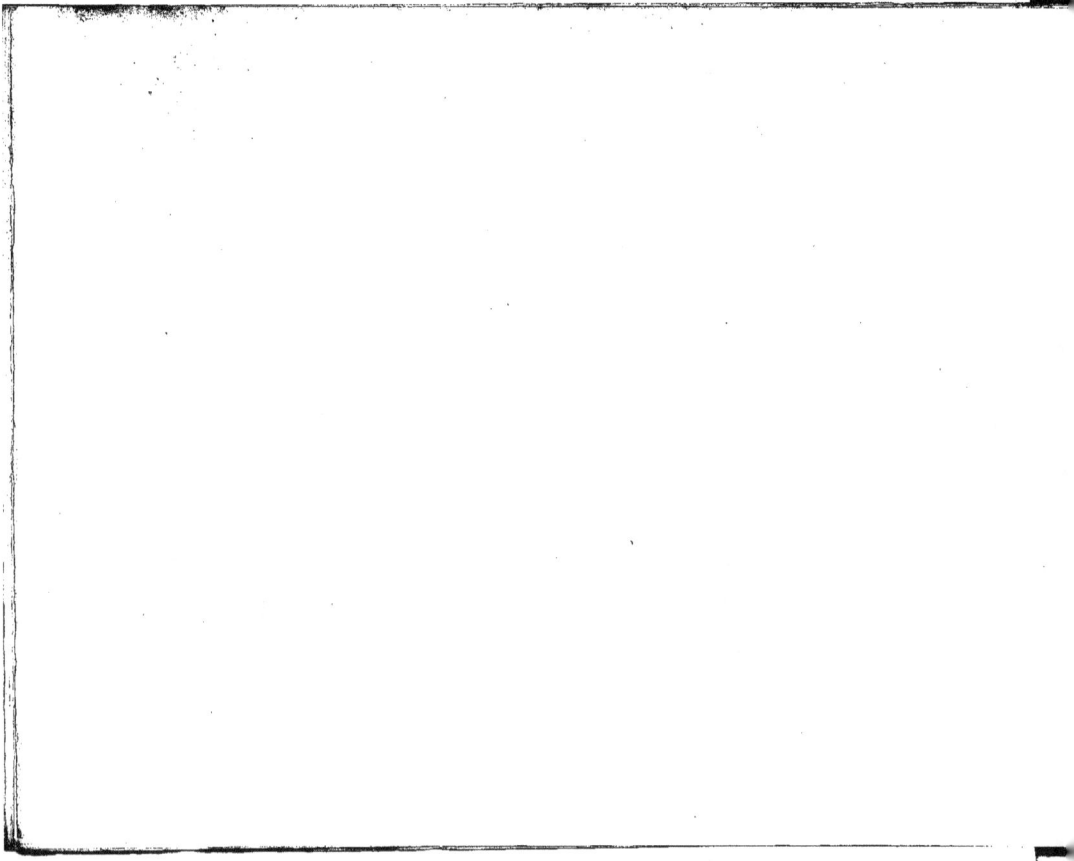

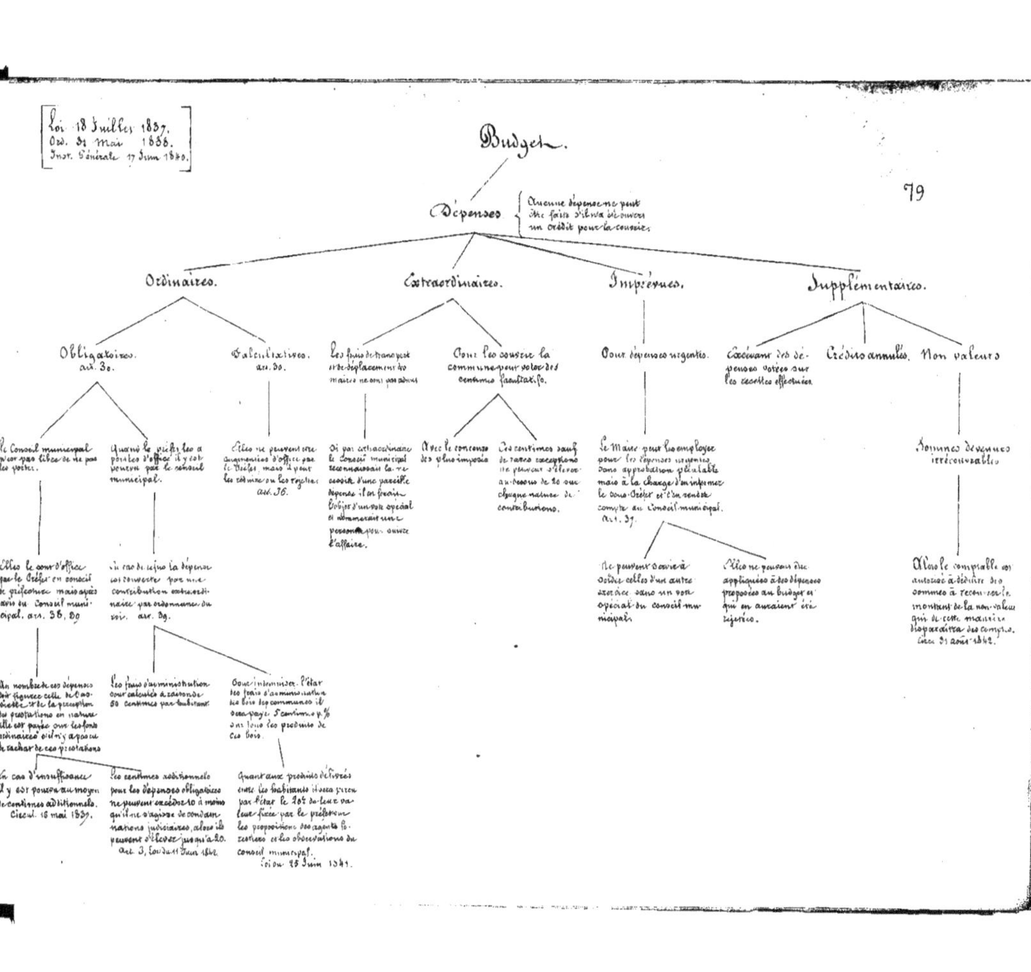
Loi 18 Juillet 1837.
Ord. 31 Mai 1838.
Inst. Générale 17 Juin 1840.
Budget.
Dépenses
Aucune dépense ne peut être faite s'il n'a été ouvert un crédit pour la couvrir.
Ordinaires.
Extraordinaires.
Imprévues.
Supplémentaires.
Obligatoires. art. 30.
Facultatives. art. 30.
Pour dépenses urgentes.
Excédant des dépenses votées sur les recettes effectuées.
Crédits annulés.
Non valeurs
Elles ne peuvent être augmentées d'office par le Préfet, mais il peut les réduire ou les rejeter. art. 36.
Avec le concours des plus imposés
Le Maire peut les employer pour les dépenses urgentes sans approbation préalable mais à la charge d'en informer le Sous-Préfet et d'en rendre compte au Conseil municipal. Art. 37.
Sommes devenues irrécouvrables
Elles le sont d'office par le Préfet en conseil de préfecture mais après avis du Conseil municipal. art. 38, 39
Ne peuvent servir à solder celles d'un autre exercice sans un vote spécial du conseil municipal.
Elles ne peuvent être appliquées à des dépenses proposées au budget et qui en auraient été rejetées.
Alors le comptable est autorisé à déduire des sommes à recouvrer le montant de la non-valeur qui de cette manière disparaîtra des comptes. Circ. 31 août 1842.
Les frais d'administration sont calculés à raison de 50 centimes par habitant.
En cas d'insuffisance il y est pourvu au moyen de centimes additionnels. Circul. 16 mai 1839.
Les centimes additionnels pour les dépenses obligatoires ne peuvent excéder 10 à moins qu'il ne s'agisse de condamnations judiciaires, alors ils peuvent s'élever jusqu'à 20. Art. 3, Loi du 11 Juin 1842.
Loi du 25 Juin 1841.

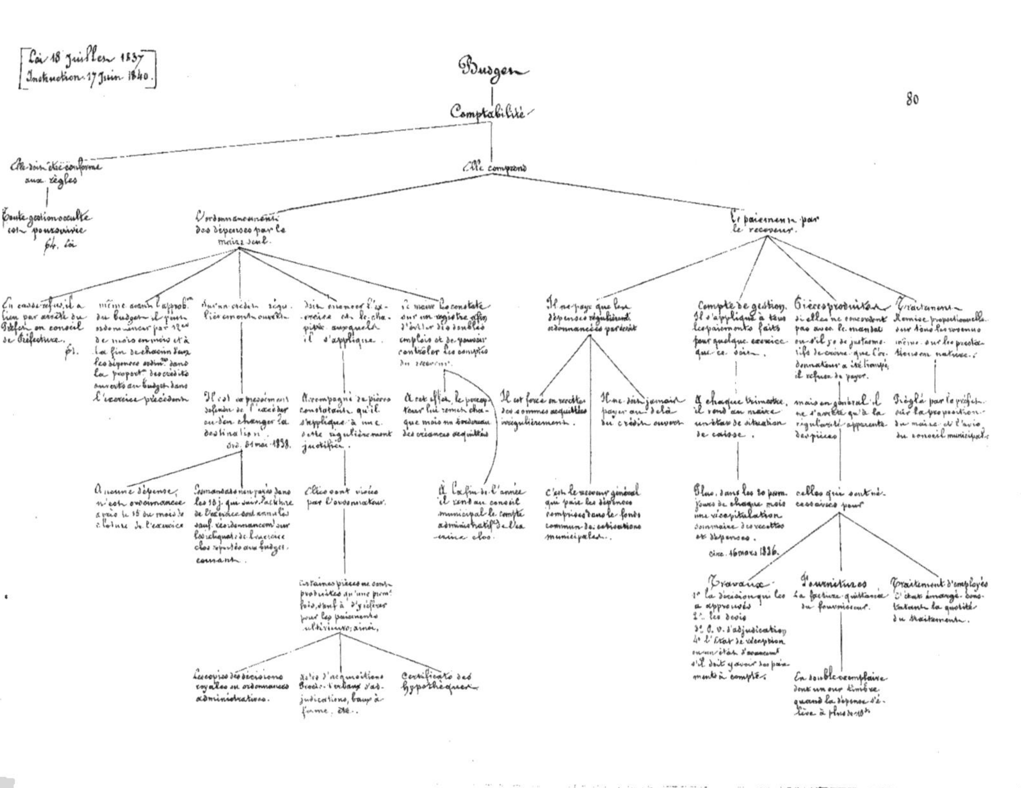
Loi 18 Juillet 1837
Instruction 17 Juin 1840.
Budget
Comptabilité
Elle doit être conforme aux règles
Toute gestion occulte est poursuivie 64. loi
Elle comprend
L'ordonnancement des dépenses par le maire seul.
Le paiement par le receveur.
Il ne paye que les dépenses régulièrement ordonnancées par écrit
Il est forcé en recettes des sommes acquittées irrégulièrement.
Il ne doit jamais payer au delà du crédit ouvert
C'est le receveur général qui paie les dépenses comprises dans le fonds commun des cotisations municipales.
Compte de gestion. Il s'applique à tous les paiements faits pour quelque exercice que ce soit.
A chaque trimestre, il rend au maire un état de situation de caisse.
Plus, dans les 10 premiers jours de chaque mois une récapitulation sommaire des recettes et dépenses.
Circ. 16 mars 1836.
Pièces produites
Traitement
Remise proportionnelle sur tous les revenus même sur les prestations en nature.
Réglé par le préfet sur la proposition du maire et l'avis du conseil municipal.
Travaux
Fournitures
La facture quittancée du fournisseur.
Traitement d'employés

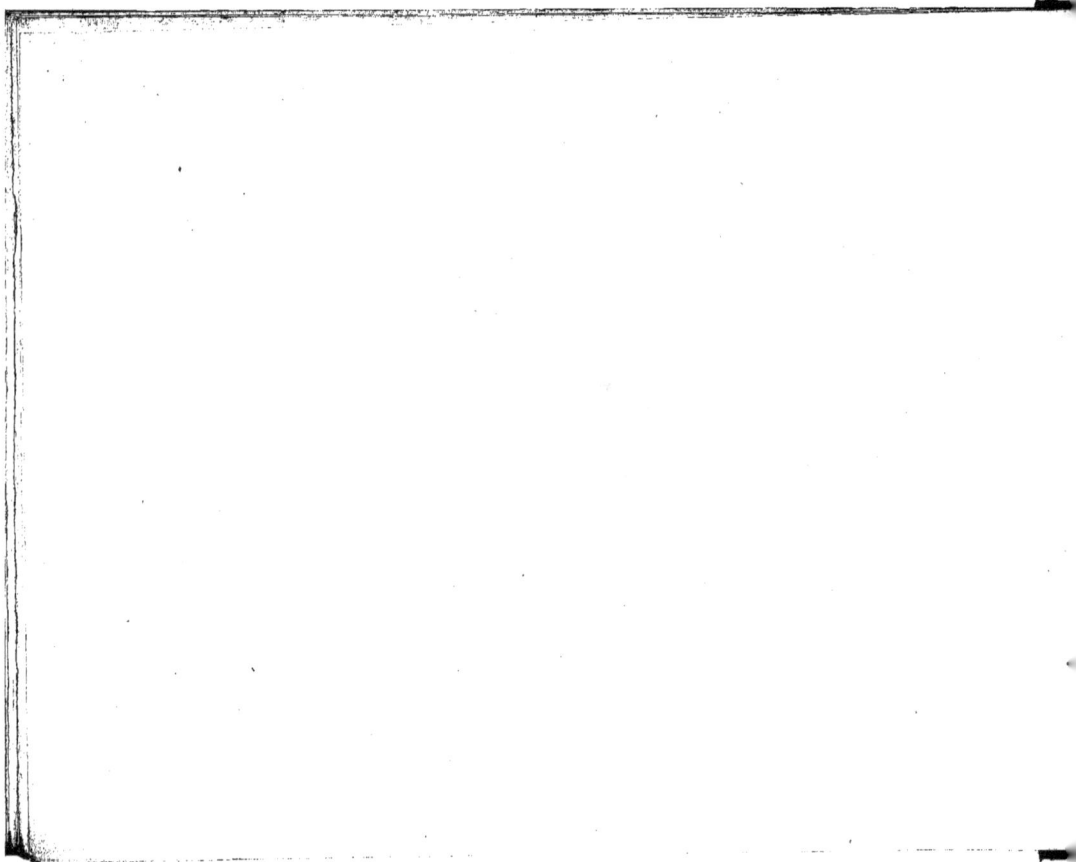

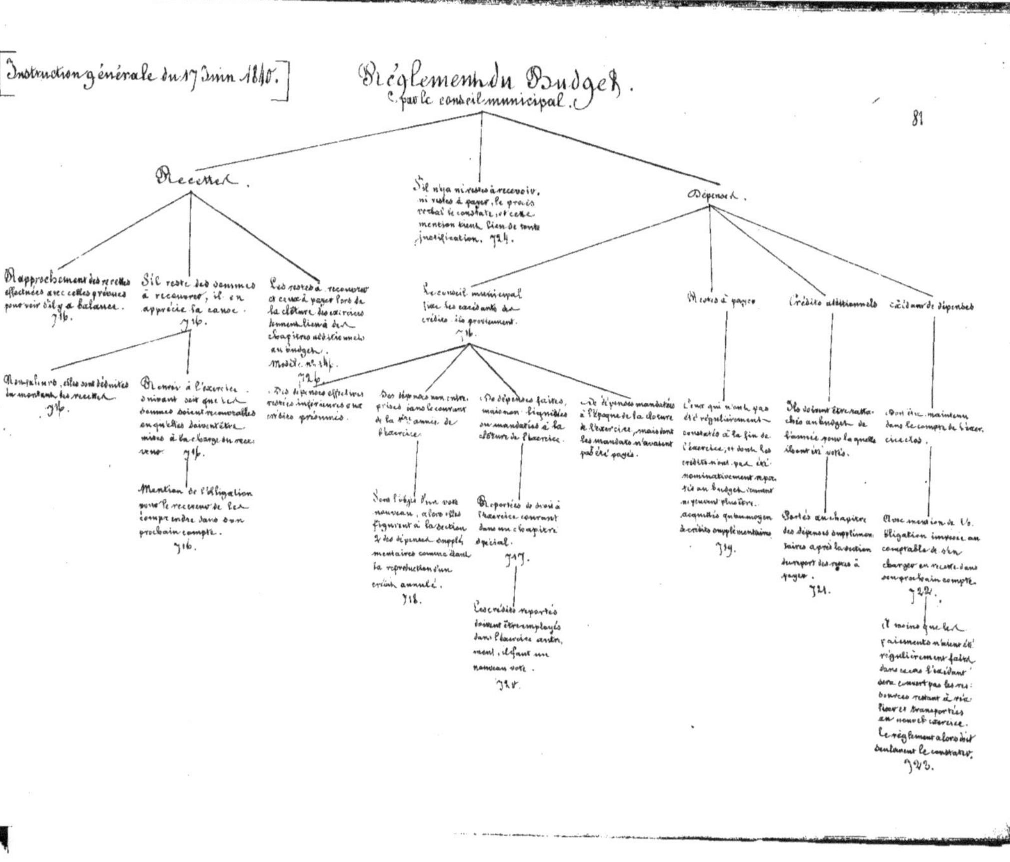
[Instruction générale du 17 Juin 1840.]
Réglement du Budget.
par le conseil municipal.
Recettes.
Rapprochement des recettes effectuées avec celles prévues pour voir s'il y a balance. 716.
S'il reste des sommes à recouvrer, il en apprécie la cause. 716.
Les restes à recouvrer et ceux à payer lors de la clôture des exercices tiennent lieu de chapitres additionnels au budget. Modèle nº 14. 726.
Non-valeurs, elles sont déduites du montant des recettes. 716.
Renvoi à l'exercice suivant soit que les sommes soient recouvrables ou qu'elles doivent être mises à la charge du receveur. 716.
Mention de l'obligation pour le receveur de les comprendre dans son prochain compte. 716.
S'il n'y a ni restes à recevoir, ni restes à payer, le procès verbal le constate, et cette mention tient lieu de toute justification. 724.
Dépenses.
Le conseil municipal fixe les excédants de crédits ils proviennent. 716.
Des dépenses effectives restées inférieures aux crédits prévus.
Des dépenses non entreprises dans le courant de la 1re année de l'exercice.
Sont l'objet d'un vote nouveau, alors elles figurent à la section 2 des dépenses supplémentaires comme étant la reproduction d'un crédit annulé. 718.
De dépenses faites, mais non liquidées ou mandatées à la clôture de l'exercice.
Reportées de droit à l'exercice courant dans un chapitre spécial. 717.
Les crédits reportés doivent être employés dans l'exercice autrement, il faut un nouveau vote. 720.
De dépenses mandatées à l'époque de la clôture de l'exercice, mais dont les mandats n'avaient pas été payés.
Restes à payer
Ceux qui n'ont pas été régulièrement constatés à la fin de l'exercice, et dont les crédits n'ont pas été nominativement reportés au budget, ne peuvent plus être acquittés qu'au moyen de crédits supplémentaires. 719.
Crédits additionnels
Ils doivent être rattachés au budget de l'année pour laquelle ils ont été votés.
Portés au chapitre des dépenses supplémentaires après la section du report des restes à payer. 721.
Excédant de dépenses
Doit être maintenu dans le compte de l'exercice clos.
Avec mention de l'obligation imposée au comptable de s'en charger en recette dans son prochain compte. 722.
A moins que les paiements n'aient été régulièrement faits, dans ce cas l'excédant sera couvert par les ressources restant à réaliser et transportées au nouvel exercice. Le règlement alors doit seulement le constater. 723.

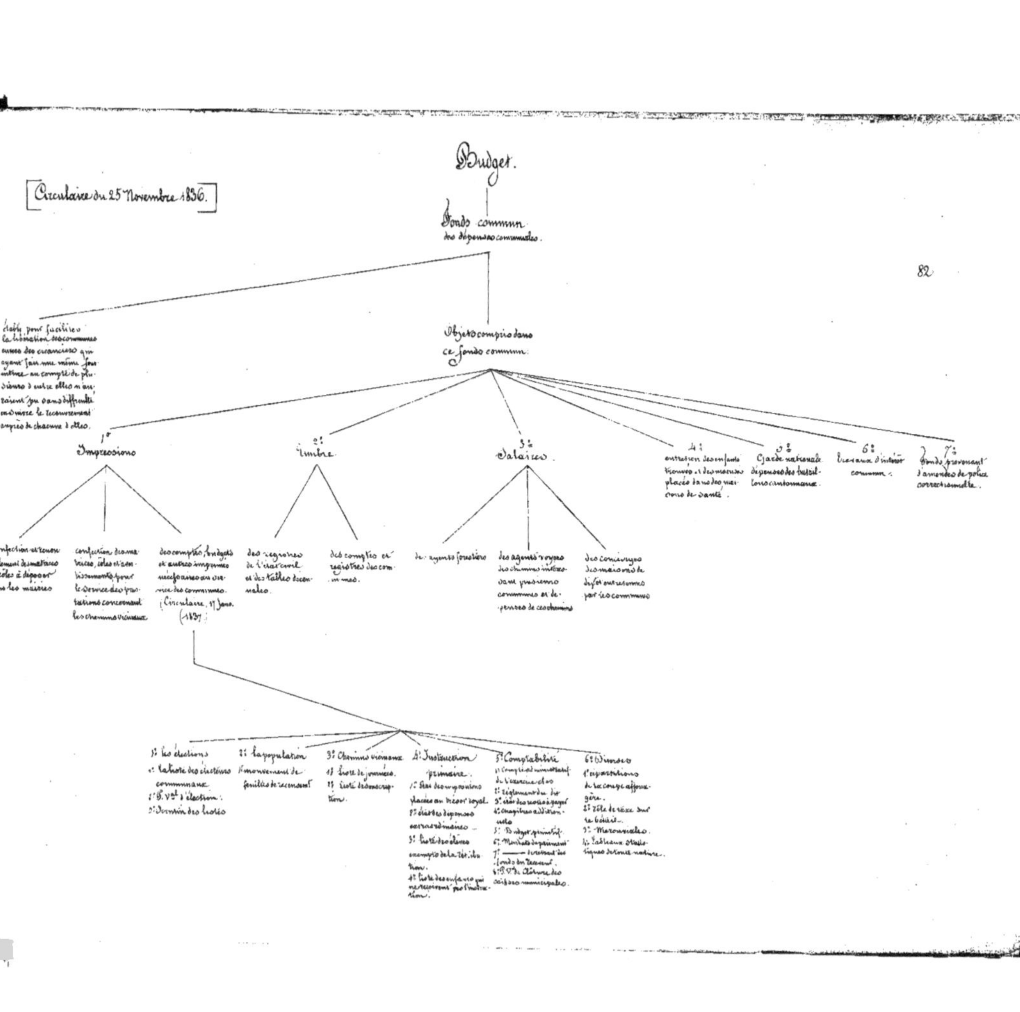
Circulaire du 25 Novembre 1836.
Budget.
Fonds commun des dépenses communales.
Objets compris dans ce fonds commun.
1° Impressions
2° Timbre
3° Salaires
4° entretien des enfants trouvés et des malades placés dans des maisons de santé.
5° Garde nationale dépenses des bataillons cantonnaux.
6° Travaux d'intérêt commun.
7° Fonds provenant d'amendes de police correctionnelle.
Confection et renouvellement des matrices de rôles à déposer dans les mairies
confection des matrices, rôles et avertissements pour le service des prestations concernant les chemins vicinaux
des comptes, budgets et autres imprimés nécessaires au service des communes. (Circulaire, 17 Janv. 1837)
des registres de l'état civil et des tables décennales.
des comptes et registres des communes.
des agents forestiers
des agents voyers des chemins intéressant plusieurs communes et dépenses de ces chemins
1° les élections
2° La population
3° Chemins vicinaux
4° Instruction primaire.
5° Comptabilité
6° Divers

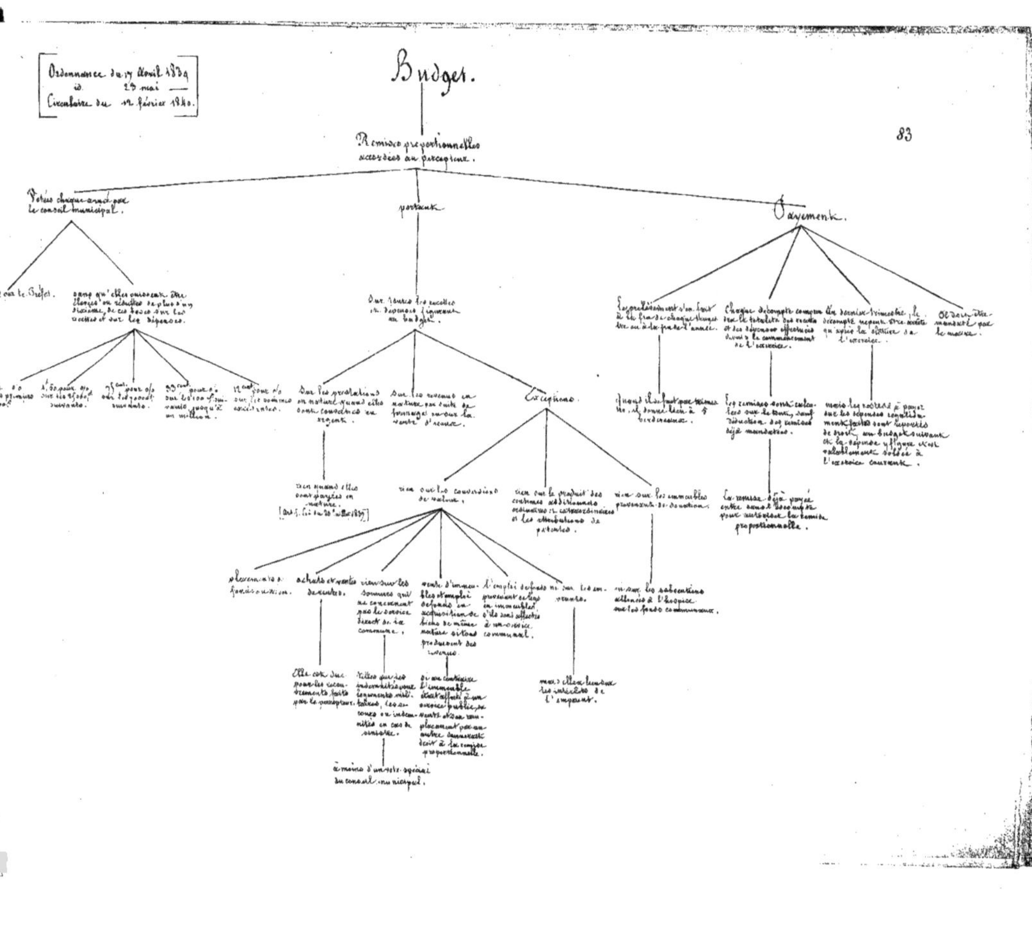
Ordonnance du 17 Avril 1839
id. 23 mai
Circulaire du 12 février 1840.
Budget.
Remises proportionnelles accordées au percepteur.
Votées chaque année par le conseil municipal.
portant
Payement.
Sur toutes les recettes et dépenses figurant au budget.
Sur les prestations en nature quand elles sont converties en argent.
Sur les revenus en nature par suite de fermage ou sur la vente d'icelui.
Exceptions.
rien sur les conversions de valeur.
rien sur les immeubles provenant de donation.
achats et ventes de rentes.
à moins d'un vote spécial du conseil municipal.
La remise déjà payée entre dans le décompte pour autoriser la remise proportionnelle.
l'exercice courant.

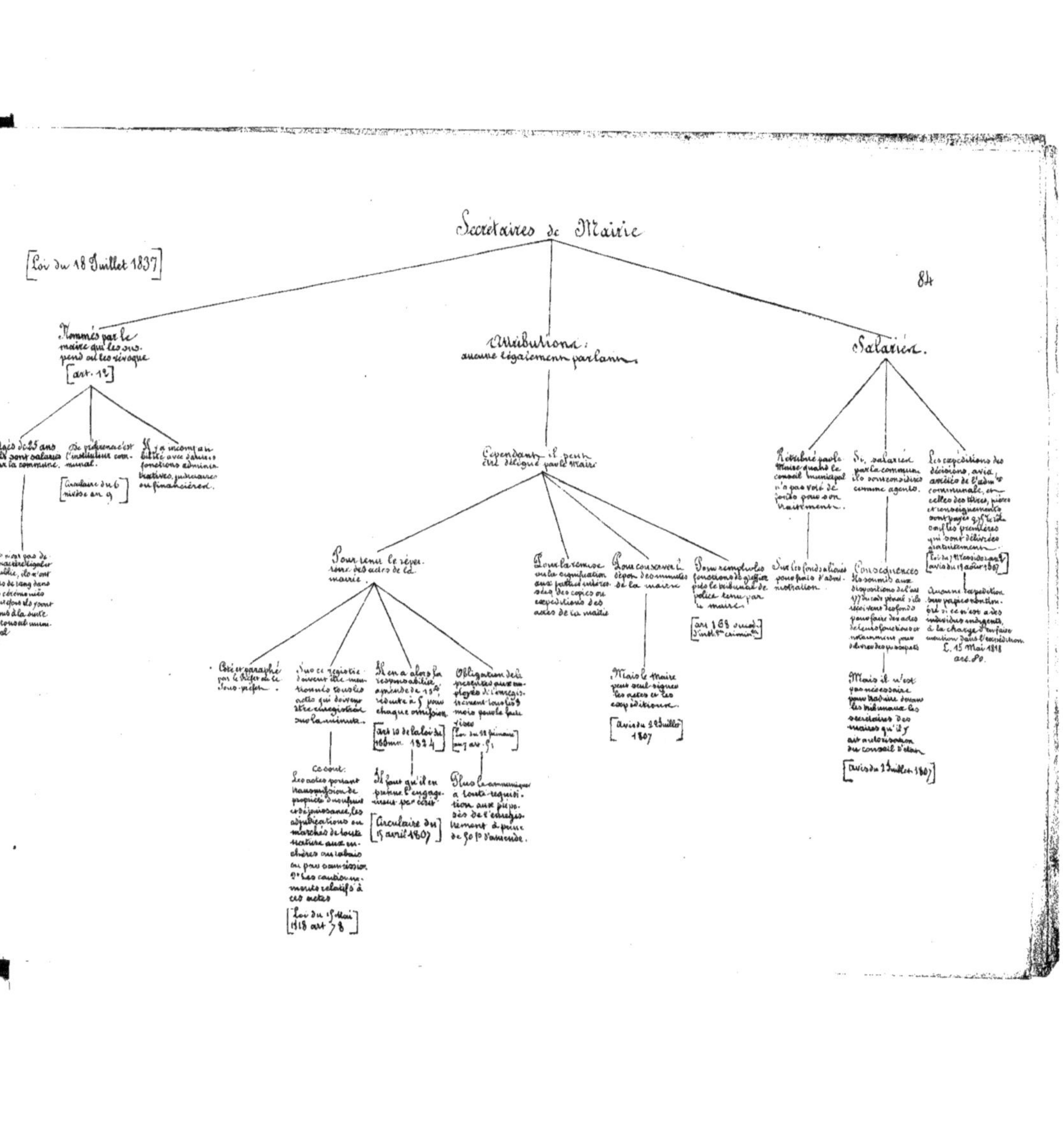
Secrétaires de Mairie
[Loi du 18 Juillet 1837]
Nommés par le maire qui les suspend ou les révoque
[art. 12]
Agés de 25 ans ils sont salariés par la commune.
De préférence c'est l'instituteur communal.
Il y a incompatibilité avec d'autres fonctions administratives, judiciaires ou financières.
Attributions :
Cependant il peut être délégué par le Maire
Pour tenir le répertoire des actes de la mairie.
Coté et paraphé par le Préfet ou le Sous-préfet.
Il en a alors la responsabilité
[Art 10 de la loi du 16 Juin 1824]
Il faut qu'il en prenne l'engagement par écrit
[Circulaire du 15 avril 1807]
Ce sont :
[Loi du 15 Mai 1818 art 78]
Mais le Maire peut seul signer les actes et les expéditions.
[Avis du 2 Juillet 1807]
Salaires.
comme agents.
Conséquences
Mais il n'est pas nécessaire pour traduire devant les tribunaux les secrétaires des maires qu'il y ait autorisation du conseil d'état
[Avis du 2 Juillet 1807]
L. 15 Mai 1818 art. 80.

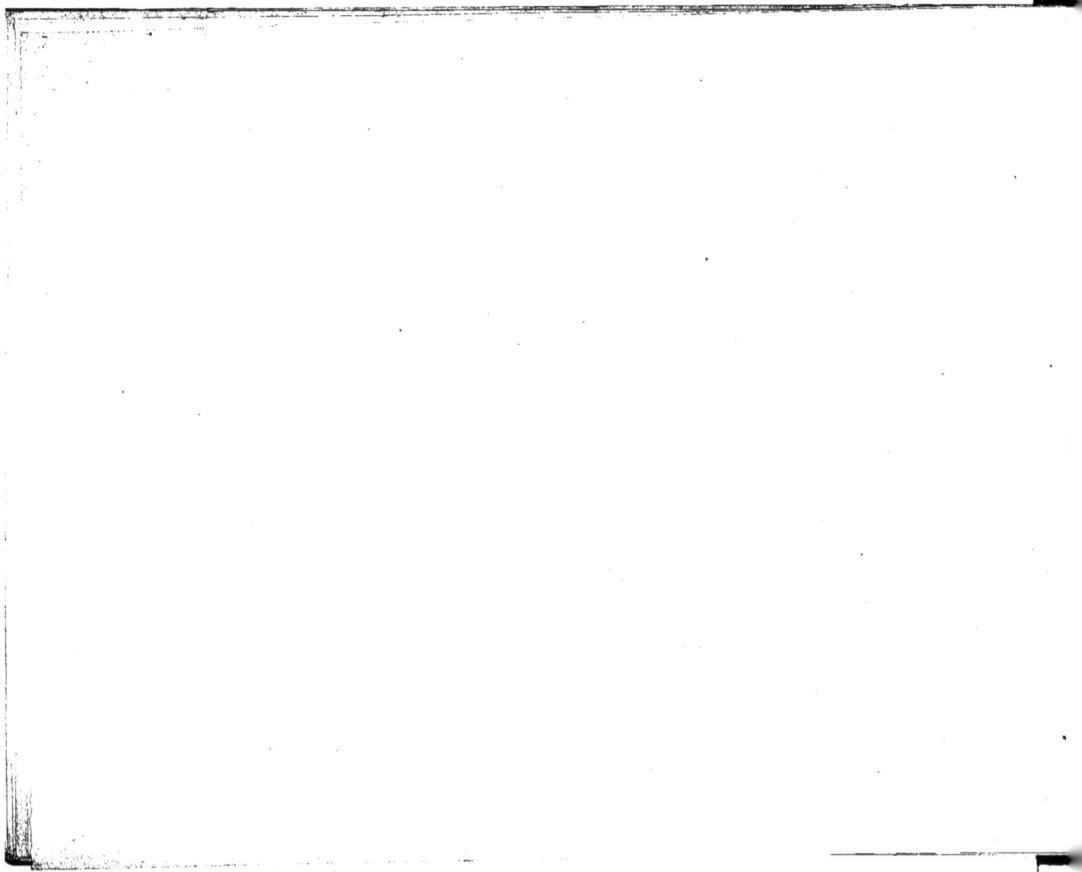

Travaux périodiques de la Mairie.

De quinzaine en quinzaine.

Envoi au Sous-Préfet des Mercuriales.

De mois en mois.

Envoi au Sous-Préfet 1° de l'état récapitulatif des approvisionnements du boulanger ;
2° de l'état du décès des légionnaires ;
3° de l'état des engagements volontaires.

Envoi au Receveur de l'enregistrement de la note des jugements de simple police prononçant l'amende ;

Remise à l'Instituteur de la feuille du rôle de la rétribution mensuelle.

Séances du Comité local d'instruction primaire.

De trimestre en trimestre.

Pendant les mois de Janvier, avril, juillet, octobre.

Envoi au Sous-Préfet.

1° de l'état des enfants trouvés décédés.

2° de l'état des jugements rendus par le conseil de discipline de la garde nationale ;

Envoi au Procureur du Roi d'un extrait des jugements de simple police ;

Envoi au Receveur de l'Enregistrement

1° du relevé des décès.

2° présentation du répertoire de la Commune.

Pendant les mois de Février, Mai, Août, Novembre.

Sessions du conseil municipal.

Pendant les mois de Janvier, avril, juillet, Octobre, Session du Conseil de Fabrique.

Le 30 de Mars, Juin, Septembre, Décembre, Visa par le maire du chef lieu de la perception de l'état de situation des recouvrements du percepteur.

Visa de l'état de traitement de l'instituteur.

Ordonnancement du traitement du garde-champêtre.

De semestre en semestre.

Envoi au Sous-Préfet d'un extrait des jugements de simple police prononçant amende.

Travaux périodiques annuels.

Janvier.

Le 1er — Coter et parapher les registres de la comptabilité.

Du 1er au 8 — Confection de la liste des électeurs communaux.

Le 8 — Ouverture du registre des réclamations sur la liste électorale.

Du 1er au 15 — Visa et publication des rôles des contributions directes.

Formation des tableaux de recensemt. pour le recrutement.

Envoi au sous-préfet 1°. de l'état des vaccinations ;

2°. De l'état des gardes nationaux formant le jury de révision ;

3°. De l'état des candidats pour choisir les répartiteurs.

Dresser le tableau de recensemt. pour la recrutet.

Confection et envoi au S.-Préfet des états de mouvement de la population.

Envoi au greffe civil du double des registres de l'état civil.

Convocation du Conseil municipal pour la session de février.

Session du conseil de fabrique.

Février.

Session du conseil municipal.

1re publication des tableaux de recensement.

2e. ———— id (8 jours après).

Publication du 1er tableau de rectification de la liste des électeurs communaux.

Arrêté pour l'échenillage et tournées pour constater son exécution.

Élagage des arbres et haies bordant les chemins vicinaux.

Mars.

Examen des tableaux de recensement et tirage au sort.

Publication du second tableau de rectification et clôture définitive de la liste des électeurs communaux.

Inspection avec l'agent-voyer en tournée des chemins vicinaux.

Le 15 — Clôture de l'ordonnancement des dépenses.

Le 31 — Clôture de l'exercice quant au payement.

Arrêté pour la fermeture des pigeonniers.

Avril.

Session du conseil de fabrique.

Publication de l'arrivée du contrôleur en convocation des répartiteurs.

Convocation des commissions administratives des hospices et bureaux de bienfaisance pour la reddition de leurs comptes et le vote de leur budget.

Tirage par le juge de paix en présence des maires du jury de révision pour la garde nationale.

Mai.

Session du conseil municipal.

On y fait l'examen du budget.

Juin.

Du 1er au 10 — Réunion des maires pour procéder à la révision des listes électorales du jury.

Mesures contre les chiens enragés.

Juillet.

Session du conseil de fabrique.

Arrêté pour la fermeture des pigeonniers.

Août.

Session du conseil municipal.

Réunion des commissions des hospices pour la liste des candidats en remplacement des membres sortants, et avant le 31 envoi de cette liste au sous-Préfet.

Publication de l'arrêté sur la chasse.

Septembre.

Le 1er — Publication du tableau de rectification des listes électorales et du jury.

Le 15 — Publication du 2e tableau

Le 30 ———— 3e ————

Envoi au Sous-Préfet de l'état des feuilles supposées nécessaires pour les registres de l'état civil de l'année suivante.

Arrêté pour la fermeture des pigeonniers.

Octobre.

Session du conseil de fabrique.

Arrêté pour le ban des vendanges.

20 — Publication du 4e et dernier tableau de rectification des listes électorales.

Envoi au Sous-Préfet de l'état des arbres morts sur la grande route.

Novembre.

Visite générale des fours et cheminées.

Session du conseil municipal.

Partage des affouages s'il y a lieu.

Décembre.

Travail préparatoire pour dresser la liste des électeurs communaux.

Confection des notes de mutation en des listes à remettre au conseil de recrutement de la garde nationale.

31 — Vérification de la caisse du receveur et arrêté des registres de toutes les comptabilités.

BIBLIOTHEQUE ROYALE

TABLE DES MATIÈRES.

	Tableaux.
Abreuvoirs	58.
Acquisitions	71. 72.
Adjoints	6. 34.
Affouages	4. 68.
Aliénation de biens	71. 72.
Aliénés	54
Alignements	59.
Animaux	54. 58.
Anticipations sur les chemins	64
Arbres sur les routes et chemins	53. 60. 64.
Armée	40 à 46
Arrêtés des Maires	7.
Artifice (Feux d')	54.
Asphixiés	56.
Attributions du Conseil municipal	4.
id. du Maire	7.
Auberges	55
Bail	74.
Bains publics	55.
Bals publics	55.
Balayage des rues	57.
Bans des Vendanges	66.
Baptême	26.
Bestiaux	58. 67. 74.
Biens communaux	71. 72.
Billards publics	55
Bois communaux	68.
Boissons	18. 57.
Boues et Immondices	64.
Budgets communaux	77 et suivants.
id. des Fabriques	31.
Bureau des Fabriques	30. 31.
Cabarets	55.
Cadastre	9.
Cafés	55.
Cartes à jouer	19.
Centimes additionnels	78.
id. facultatifs	78.
id. spéciaux	78.
Champignons	57.
Charivaris	54
Charlatans	56
Chaumage	66
Chemins vicinaux	61 à 65.
id. de grande communication	id.
Chevaux	58. 61
Cimetières	27.
Cloches	26.
Conseil d'arrondissement	13
id. de révision	42
id. général	13
id. municipal	2. 3. 4.
Contributions directes	9 à 17.
id. indirectes	17 à 25.
Cultes	25.
Démolitions	59.
Dépenses communales	79.
Désertion	45.
Dettes	69. 75.
Dons et Legs	72.
Échenillages	66.
Écoles primaires	10. 47. 48. 49.
Églises	10. 26.
Électeurs	33.
Emprunts	75.
Engagements volontaires	44.
Épidémies	56.
Épizooties	58.
Exhumations	56.
Expropriation pour cause d'utilité publique	36.
Fabriques	28.
Fêtes publiques	55.
Feuilles de route	43.
Foires et Marchés	54.
Foncier	9.
Force publique	36.
Fossés le long des routes	64.
Fruits communaux	74.
Garde nationale	38. 39.
Gardes champêtres	65.
id. forestiers	68.
Garnissaires	16.
Gendarmerie	37.
Gestion communale	74.
Glanage	66.
Glandée	74.
Immeubles communaux	71.
Imposés (plus)	75. 79.
Incendies	54.
Incompatibilités	5.
Inhumations	27.
Inondations	54.
Insensés	54.
Instruction primaire	47. 48.
Jantes de voitures	24.
Journées de travail	11.
Listes électorales	33.
Logements militaires	46.
Maires	5. 6. 7.
Marchés	54.
Marguilliers	29.
Masques	55.
Médecins	56.
Mendiants	54.
Messageries	23.
Octrois	21.
Oies	58.
Or et Argent (matières d')	20.
Ordre de route	43.
Pacage	74.
Panage	74.
Parcours	58. 67.
Passeports	50.
Patentes (impôt des)	15.
Pâtres des communes	74.
Pâturages	67. 74.
Percepteur	80.
Pesage, mesurage, jaugeage	71.
Pharmaciens	56.
Pigeons	66.
Plantations	53. 60. 64.
Poids et mesures	51.
Police générale	25 et suivants.
id. municipale	54 et suivants.
id. rurale	65.
Portes et Fenêtres	12.
Porteur de contraintes	16.
Poudre	22.
Prestations en nature	61.
Procès	76.
Rattelage	66.
Recettes communales	78.
Recrutement	40.
Remises proportionnelles	83.
Remplacements militaires	42.
Répartiteurs	14.
Responsabilité des Communes	70.
id. du Maire	80.
id. du Percepteur	80.
Revenus communaux	71.
Rôles des Contributions	12.
id. des Prestations	62.
Roulage	24.
Salubrité	56. 57.
Secrétaires de Mairie	84.
Sel	22.
Tabacs	22.
Terres vaines et vagues	71.
Territoire communal	69.
Tirage au sort	41.
Travaux périodiques du Maire	85. 86.
Usage (Droits d')	74.
Vaccine	56.
Vaine pâture	67.
Vases et ustensiles de cuivre	57.
Vente de biens immeubles	72. 73.
Vicaires	25.
Voirie grande	53.
id. petite	59.
Voitures publiques	23. 24.
Votes des plus imposés	75. 79.

www.ingramcontent.com/pod-product-compliance
Lightning Source LLC
Chambersburg PA
CBHW072242270326
41930CB00010B/2231

* 9 7 8 2 0 1 4 5 0 7 8 3 6 *